EYES
RED
BLUE

BRAULIO TAVARES

ILUSTRAÇÕES DE CHRISTIANO MENEZES

HISTÓRIAS PARA LEMBRAR DORMINDO

Casa da Palavra

Direção editorial
Martha Ribas
Ana Cecilia Impellizieri Martins

Editora
Fernanda Cardoso Zimmerhansl

Editora assistente
Beatriz Sarlo

Consultoria de conteúdo
Renata Nakano

Revisão
Carolina Rodrigues

Projeto gráfico de capa e miolo
Retina78

Este livro foi revisado segundo o novo Acordo Ortográfico da Língua Portuguesa.

CIP-BRASIL. CATALOGAÇÃO-NA-FONTE
SINDICATO NACIONAL DOS EDITORES DE LIVROS, RJ

P959
Histórias para lembrar dormindo / Braulio Tavares;
ilustração Christiano Menezes.
Rio de Janeiro: Casa da Palavra, 2013.
il.;
ISBN 978-85-7734-244-0
1.Ficção. 2.Antologias (Conto brasileiro). I.Tavares, Braulio.
04-2272 CDD 869.93008 CDD 821.134.3

CASA DA PALAVRA PRODUÇÃO EDITORIAL
Av. Calógeras, 6, sala 1.001, Centro
Rio de Janeiro-RJ | 20030-070
(21) 2222-3167 | (21) 2224-7461
divulga@casadapalavra.com.br
www.casadapalavra.com.br

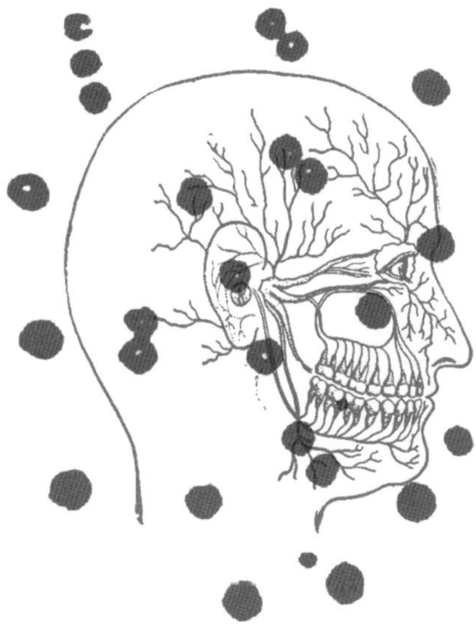

APRESENTAÇÃO

O leitor perceberá ao longo deste livro que todos os seus textos têm quase o mesmo tamanho. Isto acontece porque eles foram escritos para a coluna diária que mantenho há anos, no *Jornal da Paraíba*, cuja extensão tem que ser entre 2.900 e 3.000 caracteres com espaços.

Esse limite coloca um desafio interessante e, não só porque é um tamanho que parece ser muito curto para a maioria das histórias, mas porque pode também ser muito longo para outras. A questão não é apenas de fazer o texto caber dentro do espaço pré-fixado, mas também de fazer com que ele o ocupe por inteiro, aproveitando cada linha.

Em meus outros livros de contos, *A espinha dorsal da memória* (1989) e *Mundo Fantasmo* (1996) as histórias são quase todas longas, e algumas se estendem como um argumento de um filme de longa-metragem. Os textos que vão no presente livro, pelo contrário, parecem com curta-metragens, ou com histórias em quadrinhos de uma página só, ou com qualquer outra forma narrativa que possa ser absorvida em poucos minutos mas deixe uma impressão duradoura.

O leitor que apreciar estes textos encontrará muitos outros no meu blog Mundo Fantasmo, onde exponho todos os artigos publicados no jornal, em mundofantasmo.blogspot.com

PARTE UM

PARTE DOIS

MATÉRIA PRIMA

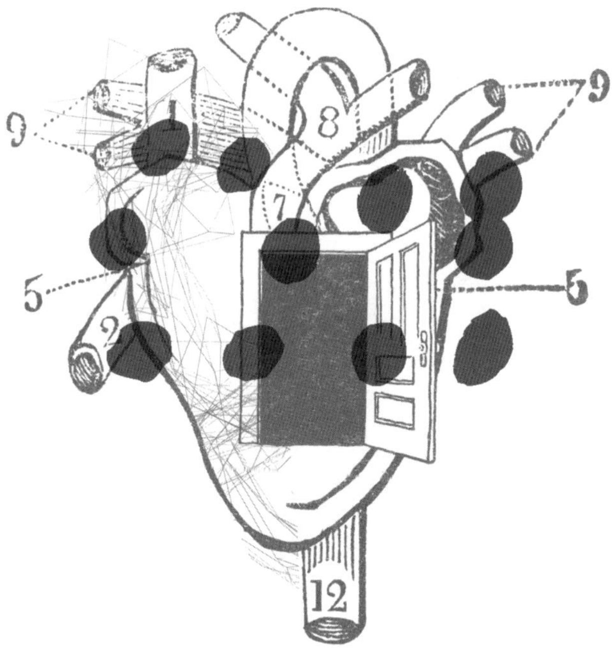
9
1
8
9
7
5
5
2
12

{ Parte I } – Matéria-prima

VOU ALI COMPRAR CIGARRO

Nº BT-HLD 001

Eram 18:43 de uma noite de verão quando o Dr. Amadeu Felinto, dobrando o jornal que lia, ergueu-se da poltrona, vestiu de novo o paletó, caminhou pelo corredor e, chegando à sala onde sua esposa, D. Marilena, estava pondo a mesa do jantar, anunciou: "Vou ali comprar cigarro e já volto." Ela assentiu com um gesto, continuou a distribuir talheres e pratos no leiaute costumeiro, mas, ao ouvir a porta da frente se fechando, estremeceu.

Toda mulher sabe. Está gravado nos seus neurônios com o mesmo dedo de fogo com que os Dez Mandamentos estão gravados nas Tábuas de Moisés. Se um dia, antes do jantar, um marido sair dizendo que vai comprar cigarros, ele nunca mais volta. Dobrará aquela esquina pela última vez e nunca mais será visto. Sumirá na multidão, perderá o nome e o rosto, as impressões digitais, o código genético. Virará uma sombra sem substância, como o Wakefield do conto de Hawthorne. Um espectro que uma maldição milenar e enigmática proíbe de retornar ao lar.

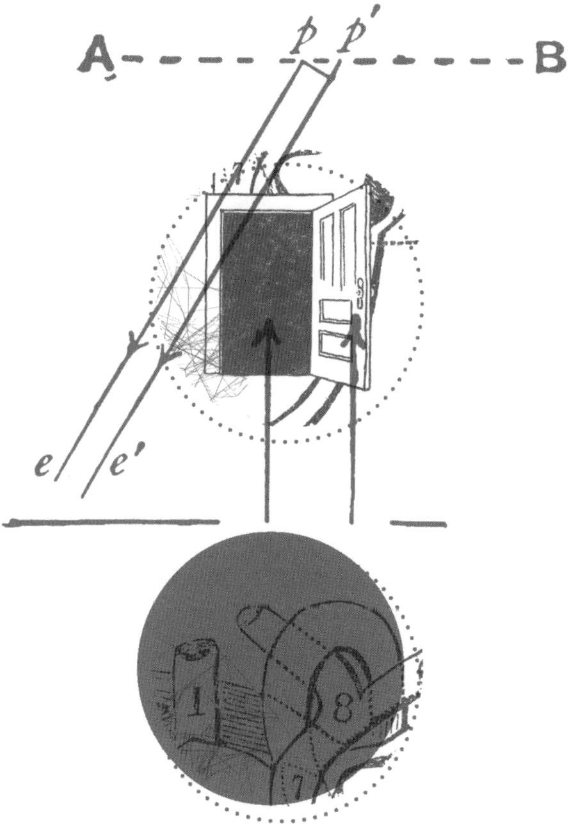
A
p
p'
B
e
e'
1
8
7

D. Marilena puxou uma cadeira e sentou-se, pois percebeu que a vertigem a faria desabar. As crianças brincavam no quarto; a TV estava ligada baixinho na sala; o mundo inteiro, a Alemanha, a China, tudo era tranquilo em redor de D. Marilena. Só não estava tranquilo seu coração, corroído pelo mais sulfúrico dos ácidos: o pavor diante do "Estava Escrito". Naqueles minutos cruciais que determinaram toda sua vida futura, ela equacionou bens contra despesas, a poupança contra as mensalidades escolares dos filhos, as prestações e seu minguado salário de enfermeira. Traçou um plano de resistência às ironias e falsa piedade das vizinhas. Localizou com presteza uma dúzia de conhecidos que em breve começariam a ligar: "A sra. precisa sair, espairecer, a vida continua...", e para cada um rascunhou uma desculpa convincente. Não, não amaria mais ninguém depois de Amadeu. Mesmo sendo abandonada de forma tão humilhante. Até o momento daquela derradeira e fatídica frase, ele tinha sido um marido ideal. Mesmo tendo sumido para sempre, era o marido ideal.

Ergueu-se. Foi à cozinha verificar se água do café já fervera. Passou o café numa mistura de piloto automático e sonambulismo, calculando quanto pediria pelo carro, pois não sabia dirigir. Descartou de início quaisquer proventos da seguradora, pois sabia que seguradoras só pagam diante de cadáveres, não de homens que saem para comprar cigarros e se transformam em ectoplasma.

Pôs o café na garrafa térmica, arrolhou-a. Foi à porta do quarto. Clarice e Amadeuzinho brincavam, nos últimos momentos felizes que teriam. Não deram pela sua presença; como reagiriam à ausência do pai? D. Marilena foi até a sala, e teve a sensação de estar vendo aqueles móveis e paredes pela primeira ou pela última vez. A porta se abriu. Dr. Amadeu entrou tranquilo, cigarro aceso nos dedos, olhou-a: "Que cara é essa?" Ela arrancou um suspiro, foi até ele, retirou um fiapo de sua lapela e disse apenas: "Demorou..."

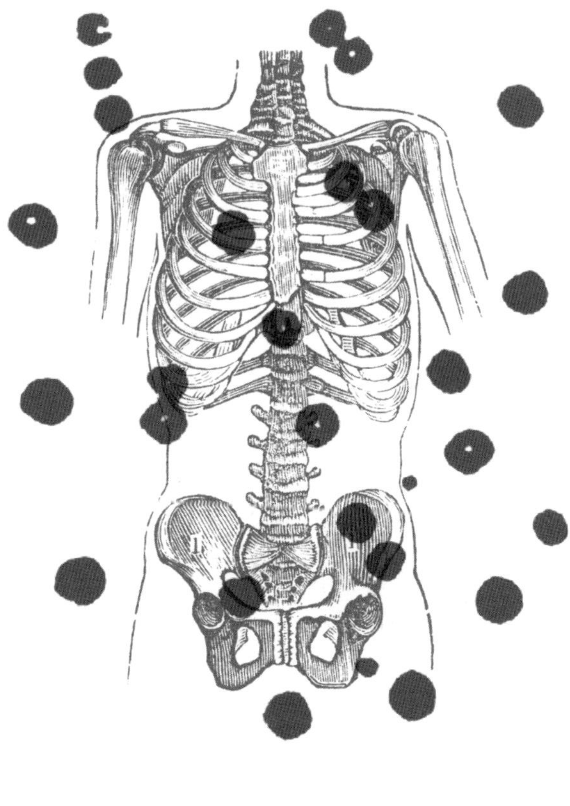

A GUERRA DO IZAQUE

Nº BT-HLD 002

O velho Izaque era um ditador. Tocava a fazenda com mão de ferro, resolvia tudo na base da ameaça, do chicote e da espingarda. Tinha meia dúzia de filhos tão truculentos quanto ele, todos brigados uns com os outros, entrincheirados em suas casas que ficavam a um tiro de distância. Quando havia querela e se confrontavam, Izaque galopava para lá com seis capangas, refreava os querelantes e impunha a paz, com armas engatilhadas. Desfeiteava vizinhos, judiava dos posseiros, deflorava as filhas dos moradores mal estas ficavam no ponto. A cidade se revoltava, cobrava providências do prefeito, do governo estadual. Quando uma prospecção federal descobriu um filão aurífero numa fronteira da fazenda, Izaque reagiu a bala, apossou-se do sítio, e mandou para a Secretaria de Segurança um caixote de sal com três cabeças de geólogos. O governo pintou-se para a guerra e invadiu.

O velho Izaque se refugiou num lajedo inacessível, com seus jagunços. As autoridades abriram seis focos de luta contra os filhos,

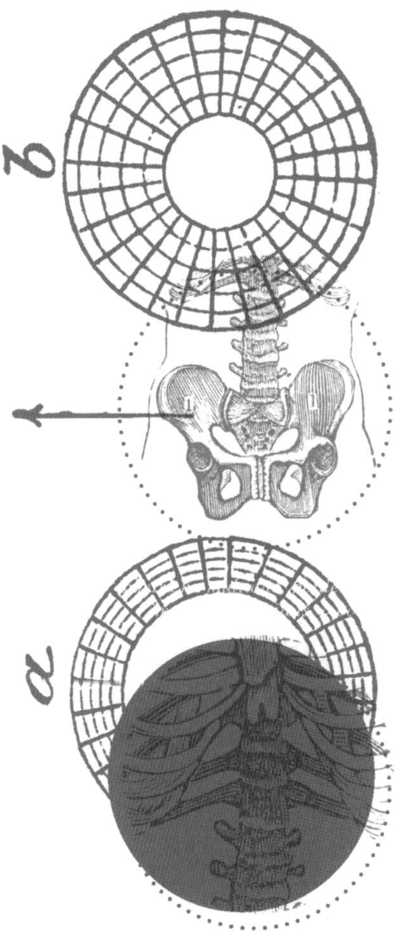
a
b

mataram um ou outro, subornaram alguns com privilégios e percentagens. Por fim os engenheiros tiveram acesso, fizeram medições com teodolitos, escavaram, transportaram. E enquanto isso o velho Izaque, na calada da noite ou no pingo do meio dia, explodia aqui-acolá uma van de transporte, um acampamento de operários.

E os filhos aproveitavam o caos para acertar as contas. Toín encharcou de gasolina o curral de Mateus e tocou fogo: dava pena ver, no meio da noite, aqueles cinquenta churrascos vivos em debandada, mugindo para a lua. Mateus pensou que tinha sido Sinval, e semanas depois a família deste recebeu de presente um botijão de vinho que foi aberto na hora da janta e mandou a todos pelos ares. Dóda tomou as dores de Sinval, mas sem saber quem era o remetente descontou no governo. O primeiro deputado que foi visitar a obra foi abduzido e esfolado dos pés à cabeça, deixaram-lhe apenas as impressões digitais.

Enquanto isso, na capital, o governo ficava de cabelos brancos. A opinião pública, a imprensa, Brasília, todo mundo exigia o fim do conflito na Fazenda do Izaque. Nem mesmo a captura do velho amainou os protestos. Primeiro, porque ele tentou fugir da viatura, no trajeto à noite para a capital, e acabou sendo atingido por 53 balas. Segundo, porque agora o conflito tinha extrapolado para os filhos, os vizinhos (cujas fazendas eram a toda hora invadidas por jagunços em fuga e soldados em fúria), a Polícia Federal (que achou que aquilo era de sua alçada, e entrou no fuá) e gente que tinha dívidas de sangue a ajustar com "os izaques" e de vez em quando fazia uma surtida.

Está assim até hoje. Todo mundo quer sair de lá, mas sabe que quando sair a hecatombe vai recrudescer e o povo, a imprensa e Brasília vão exigir nova invasão. Ah, enquanto o filão de ouro não secar, meu amigo, o ar vai continuar cheirando a pólvora, e quando você vir uma coisa espetada numa estaca, vire a cabeça pro outro lado.

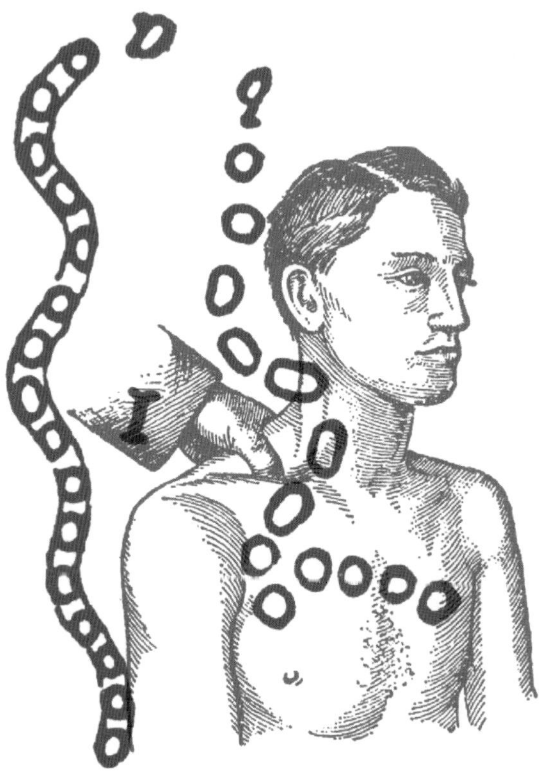

{ Parte I } – Matéria-prima

A HISTÓRIA DE SIDNEY ROSENBLUM

Nº BT-HLD 003

Não conheci meu pai, que morreu quando eu tinha meses de nascido. Minha mãe vendeu a casa em Los Angeles e, como queria ficar perto de minha avó, se transferiu para Lansing, onde eu cresci, até me formar na Michigan State University. Quando casei, fui ensinar em Nova York, e foi ali que o advento da cultura digital trouxe meu pai de volta. Ele tinha sido ator de teatro na Califórnia, e trabalhara de forma intermitente no cinema. Minha mãe falava pouco sobre ele. Desde cedo entendi que guardara mágoa pelas suas bebedeiras, suas infidelidades, e queria esquecê-lo. Sempre me disse que ele trabalhava fazendo pequenas pontas, em cenas de multidão, e que sua carreira a sério tinha sido no teatro. O teatro é mais uma parte da vida do que da Arte, e, como a vida, nada deixa atrás de si. Algumas vezes lamentei que a arte de meu pai ("era um ator vigoroso, tinha presença", concedia minha mãe) tivesse se perdido para sempre. Então surgiram na minha vida o DVD e o Internet Movie DataBase.

Dediquei-me a pesquisar fichas técnicas e a obter cópias dos filmes em que meu pai trabalhou. Foram dezenas. Foi no máximo

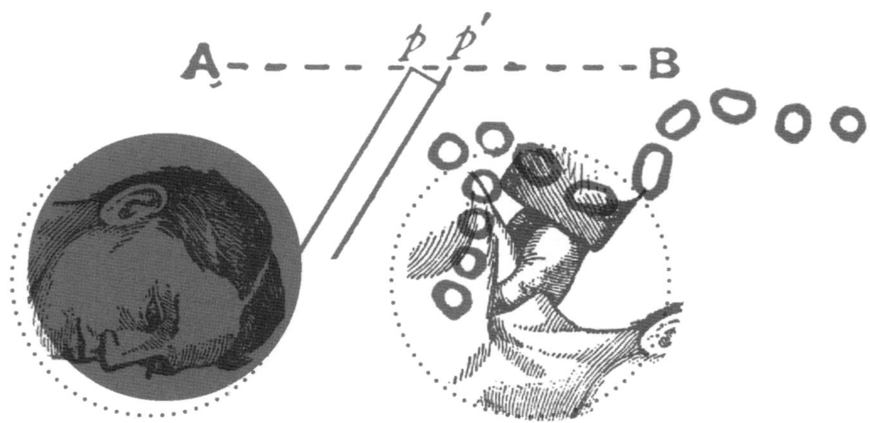
A
p
p′
B

um coadjuvante, mas em muitos filmes tinha uma ou outra cena forte, com boas falas. Um taxista, um porteiro conversador, uma testemunha num julgamento, um mafioso, um soldado na guerra... Vasculhei milhares de jornais da época; nunca um crítico citou o seu nome. Mas dediquei-me a colecionar tudo que ele tinha feito, e por fim tive a ideia de montar uma edição conjunta de todas as suas cenas, ajudado por meus alunos da universidade. Tenho agora em DVD uma colagem que cobre, até onde estou informado, tudo que as câmaras registraram de meu pai.

Hoje em dia, uso isto como um manual de meditação. Quando estou deprimido, vou direto para 02:35:10, a cena da tempestade em *The Sea Wolves*. A água banha o convés, o veleiro se agita, o timoneiro grita: "Vamos sobreviver a este inferno!" Corta para um marujo barbudo (ele), que, agarrado ao mastro, grita de volta, por entre o fragor dos trovões: "Inferno? Nunca me diverti tanto!" Quando estou muito autoconfiante, vou para 01:45:30, a cena em que Abraham Lincoln reúne seu conselho em *Brothers in Arms*. O presidente tem uma longa fala, cheia de alívio pela vitória na guerra, e vira-se, perguntando: "Concorda, senador Robinson?". Meu pai, de pincenez, chinó e gravata de laço, diz: "As vitórias são como o vento, Sr. Presidente. Deixam uma sensação agradável quando passam por nós."

Outras vezes faço um acesso aleatório, deixo a escolha ao acaso. Como agora mesmo, quando apertei "Play" e vi a cena da tumba do faraó em *The Sands of Time*. Um dos mercenários ergue um archote, iluminando uma cripta selada e pergunta: "E então, Buckley? Devemos abrir esta também?". Mal vemos o seu rosto nas sombras, mas a voz inconfundível responde: "Não vai dar tempo. O que recolhemos já é riqueza bastante. Vamos embora."

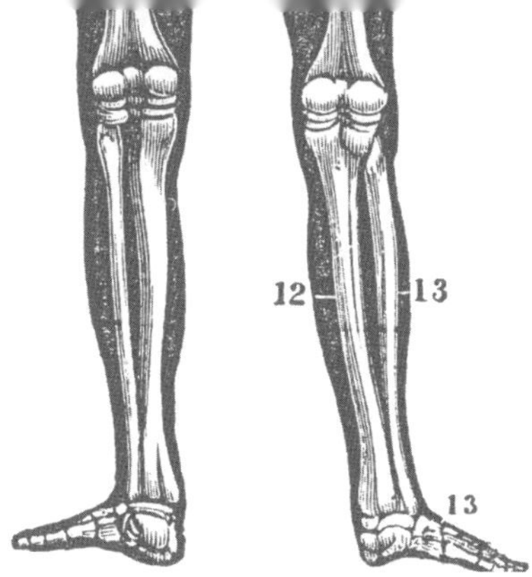

12
13
13

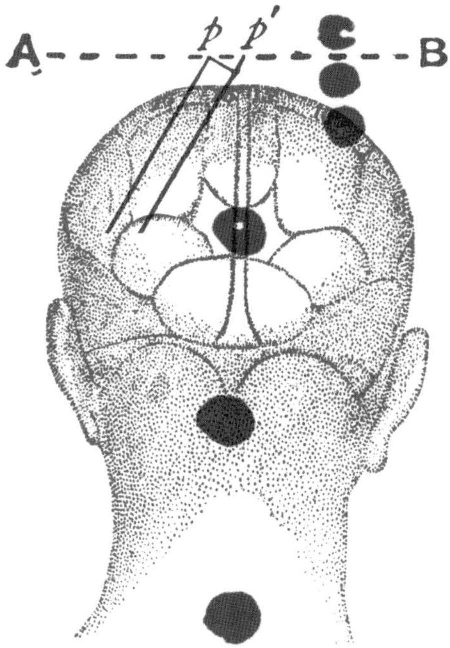

p
p'
A
B

O DESTINO DE STEBANIUS

Nº BT-HLD 004

O destino de Stebanius foi diferente do destino de Sísifo, a quem cabia empurrar uma pedra rumo ao alto de uma colina, apenas para vê-la, mal chegava lá em cima, rolar de volta ao vale. Stebanius era um filólogo, morador da cidade de Tebas, que desafiou um dia os deuses, dizendo que detestava Tebas e nem os deuses haviam de impedi-lo de ir embora para Atenas quando lhe desse na telha. Nessa mesma noite, durante o sono, os deuses o amarraram a um cordel invisível cuja outra ponta foi atada a um obelisco no centro de Tebas. O cordel era longuíssimo, tanto que Stebanius durante muito tempo não percebeu que estava atado a ele. Na primeira vez em que procurou deixar a cidade, começou a sentir que algo puxava sua cabeça para trás. Achou aquilo estranho, mas seguiu estrada afora. O cordel era elástico. Quanto mais Stebanius marchava mais distendia aquela resistência, e aumentava a força invisível que o puxava de volta. Ele pediu carona a uma biga que passava, e pediu que chicoteassem os cavalos. A biga disparou. O cordel elástico foi retesado ao ponto máximo, e

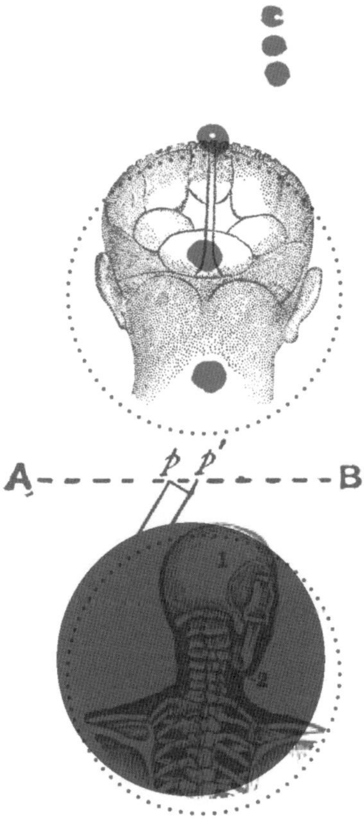
A
B
p
p'
1
2

de repente Stebanius viu-se projetado para trás, de volta a Tebas, dando 50 voltas em torno do obelisco até que o cordel inteiro ficou enrolado ali como num carretel. Isto se repetiu, com variações, em suas tentativas seguintes de ir embora dali.

Os deuses (outros, diferentes dos primeiros) apiedaram-se de Stebanius e resolveram compensar sua desventura. Incapazes de desfazer o cordel já criado (pois nem mesmo os deuses podem desdizer o que outros deuses terão dito), criaram em Atenas (atado a uma coluna do Partenão) um cordel semelhante e o esticaram até Tebas, amarrando-o em torno do torso de Stebanius. O resultado imediato disto foi arrastar o desventurado filólogo, com a velocidade de uma flecha, na direção de Atenas, puxando-o a uma velocidade supersônica rumo à Acrópole, onde ele esbarrou de encontro às colunas do templo com uma força proporcional à distância e à velocidade envolvidas, sendo que no instante seguinte o cordão tebano entrou em atividade, trazendo-o de volta rumo às arestas do obelisco onde estivera atado, e assim por diante.

Este movimento de ioiô prolongou-se até o momento em que (como previra Pitágoras) as duas forças contrapostas se equilibraram e Stebanius quedou-se a meio caminho entre as duas cidades-Estados, pendurado e bracejante a alguns metros de altura (devido à diferença de ângulo entre os dois pontos que o retinham). Caravanas e viajantes solitários que trilhavam aquela movimentada rota acostumaram-se à visão do filólogo suspenso, e com frequência paravam para trocar com ele dois dedos de prosa e pedir-lhe informações sobre o tráfego, o clima, as distâncias, a proximidade de salteadores. Com o tempo, Stebanius passou a cumprir funções de oráculo. Respondia a tudo, e com bastante propriedade, aliás. Só não lhe pedissem para explicar como tinha ido parar ali, e o que estava fazendo.

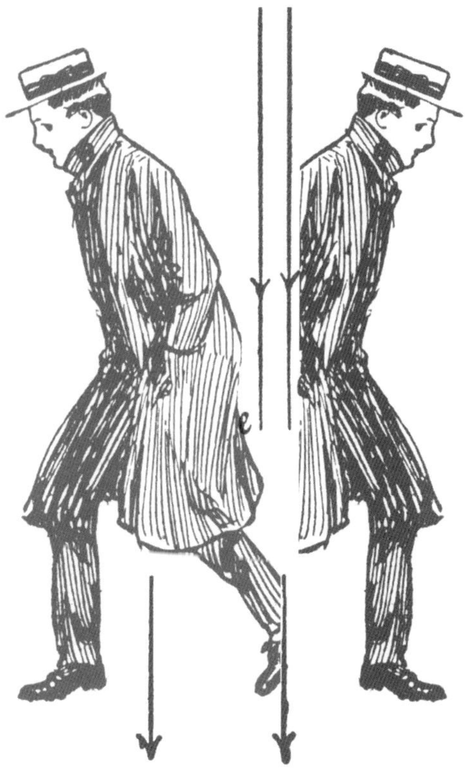

{ Parte I } – Matéria-prima

IDEIA PARA UM CONTO

Nº BT-HLD 005

Tenho uma ideia ótima para um conto. Começa descrevendo uma rua de uma grande cidade, falando em traços rápidos sobre as vitrines das lojas, os ônibus que passam, a multidão indo e vindo... Logo focaliza um sujeito de terno cinza parado no meio-fio, como se estivesse esperando o sinal abrir para atravessar a rua. Em toda essa descrição deve haver algumas lacunas obrigatórias (não dizer a cidade, nem sequer o país, nenhum traço identificável) e alguns adjetivos meio deslocados para dar ideia de estranheza ("ele usa um terno de um cinza implacável...").

Só tenho isso por enquanto – e o personagem. Ou seja, a identidade dele, o que vai fazer nos parágrafos finais e devastadores. Mas como a revelação só virá no final, preciso preencher o espaço intermediário com uma trama qualquer. Houve uma época em que imaginei uma história de espionagem. Ele é um Agente Duplo. Vive naquela cidade sob uma identidade falsa, mas o faz há tanto tempo que essa identidade assumida se sobrepôs à verdadeira. É um agente de baixo escalão, numa cidade sem

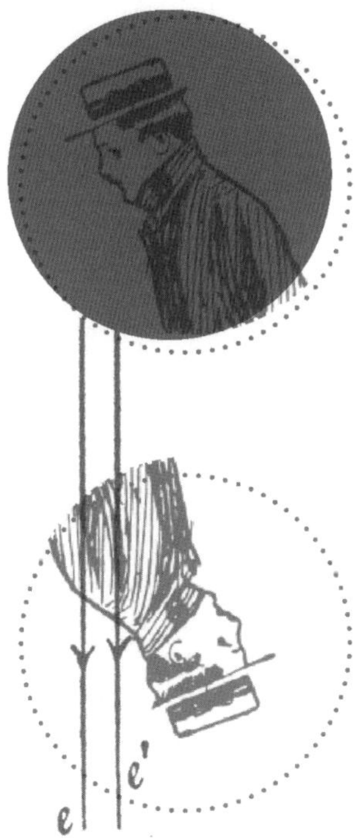
e
e'

importância estratégica, e há anos não é contatado para executar nenhuma missão. Ele agora acredita ser quem finge que é, está satisfeito com essa vidinha, será capaz de qualquer violência para mantê-la, até mesmo de matar outro Agente Duplo enviado para eliminá-lo, assim que descobrir uma maneira de poder fazê-lo e continuar vivo.

Depois imaginei que esse cara não seria ninguém. O verdadeiro protagonista é, ou melhor são, um homem e uma mulher que o observam com binóculos, do quinto andar de um prédio próximo. São viajantes no Tempo que vêm do futuro. Daí a poucos minutos uma adolescente (a filha deles) irá atravessar aquela rua correndo; e vai escorregar, cair, e ser atropelada. O casal veio do futuro para impedir, mas os campos de força probabilísticos impedem que eles ajam diretamente sobre fatos que os emocionam. Não podem se aproximar, porque causariam uma turbulência emocional muito forte. O máximo que podem fazer é trazer consigo uma terceira pessoa, o homem de cinza, com instruções para aproximar-se da garota e não permitir que ela atravesse a rua. A hora está chegando, e os binóculos vacilam em suas mãos quando veem a filha andando apressada (está atrasada para a aula de dança).

Essa ideia vingou durante alguns anos, mas já li tantas histórias assim que a descartei. Poderia ser algo mais best-seller. O homem de cinza é um mero advogado de causas cíveis. O casal luta por uma herança milionária. Só que o advogado (que em tese os defende) está sendo subornado pelo adversário deles no processo. O casal instalou-se ali para fotografar com teleobjetiva o encontro dos dois, marcado para uma lanchonete próxima. Acho que isso é mais realista. De qualquer maneira, acho essa ideia espetacular: um homem de terno parado numa calçada! Só não escrevi ainda o conto porque uma ideia tão boa vai acabar sendo plagiada por alguém.

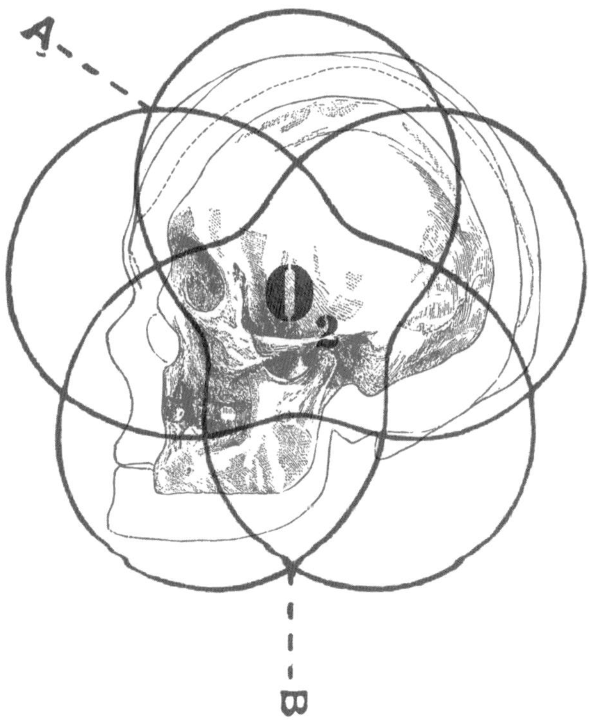

A
O
2
B

NOTAS DE UM MINEIRO SOTERRADO

Nº BT-HLD 006

O túnel desabou. As galerias estão bloqueadas. É impossível saber a extensão do desmoronamento, a quantidade de entulho que terá de ser removida, o tempo que isto levará, a possibilidade de renovação do ar, ainda que mínima, através de alguma pequena fenda. Não se sabe. A escuridão é total, e o silêncio também o seria, se não fosse pelos arquejos com que todos naquele grupo tentam puxar o ar para dentro dos pulmões.

Cada hausto de oxigênio é uma vitória, e nos dá motivação suficiente para conseguir o próximo. A escuridão não deve assustar. Numa situação assim, o tempo não se mede em anos ou meses, mas apenas em segundos. É proibido pensar além disso. Não, não é proibido: é contraproducente, é desnecessário. Cada segundo é o primeiro. Cada segundo significa que o anterior não foi o último. É preciso relaxar. Não colocar peso em excesso. Ficar com os músculos contraídos não ajuda as equipes de salvamento a empurrar as rochas desabadas. Trincar os dentes não alarga os dutos de ventilação. Se rezar faz bem, reze.

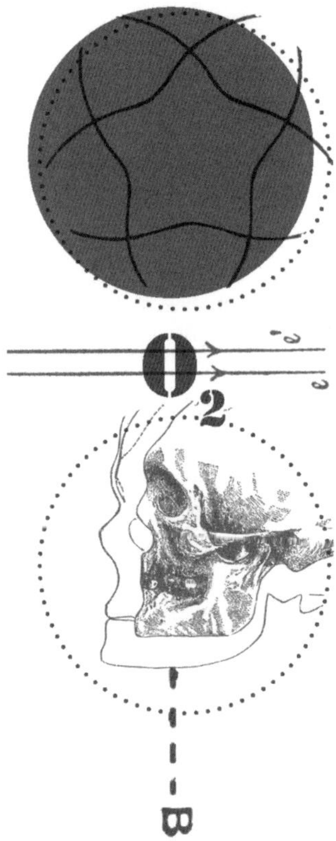
02
B

Nada conforta tanto quanto a certeza (sinônimo de esperança) de que há equipes de salvamento abrindo caminho, cada vez mais próximas a cada minuto e a cada hora. Frustrar as esperanças deles seria imperdoável. Fazer com que tivessem se esforçado em vão seria um pecado, um crime. Vamos, vamos. Falta pouco. Cada instante que passa os traz mais perto. É só uma questão de tempo. É só uma questão de dividir com prudência o total de oxigênio restante (e não se sabe quanto é) pelo total de minutos que faltam (e não se sabe quantos são).

É preciso (mesmo que não se escute nada, mesmo que o silêncio continue assim, opressivo, sólido) acreditar que estão a caminho, que há equipes, homens bradando ordens, instrumentos de ferro partindo as rochas e escavando a terra, aproximando-se. A crença ajuda a acontecer. Saber que eles estão vindo ajuda a poupar o ar. Saber que estão vindo envia raios telepáticos na direção deles, para que cavem no rumo certo, para que não se desviem nem se atrasem. Tudo no vasto Universo tem um propósito, tudo converge para uma região onde as coisas encontram um deslindamento necessário, tudo tende a ter sentido.

No silêncio e na treva absoluta, algo acontece sem que sejamos capazes de perceber, mas acontece para nosso bem. Tudo que temos a fazer é ficar assim, manter a mente acordada e o corpo preservado, para que o que acontecerá não aconteça em vão. Não podemos cavar, não podemos abrir caminho. Nossa única maneira de ajudar os que podem é continuar ali, existindo, jazendo, à espera, transmitindo de algum modo secreto a vibração indefinível de nossa presença, para que eles cavem, cavem, cavem. Não precisamos agir, basta esperar. E respirar. Cada hausto de oxigênio em nossos pulmões mantém vivas as esperanças de duzentos homens com pás e picaretas que deslocam rochas e vêm na nossa direção. Basta continuar respirando.

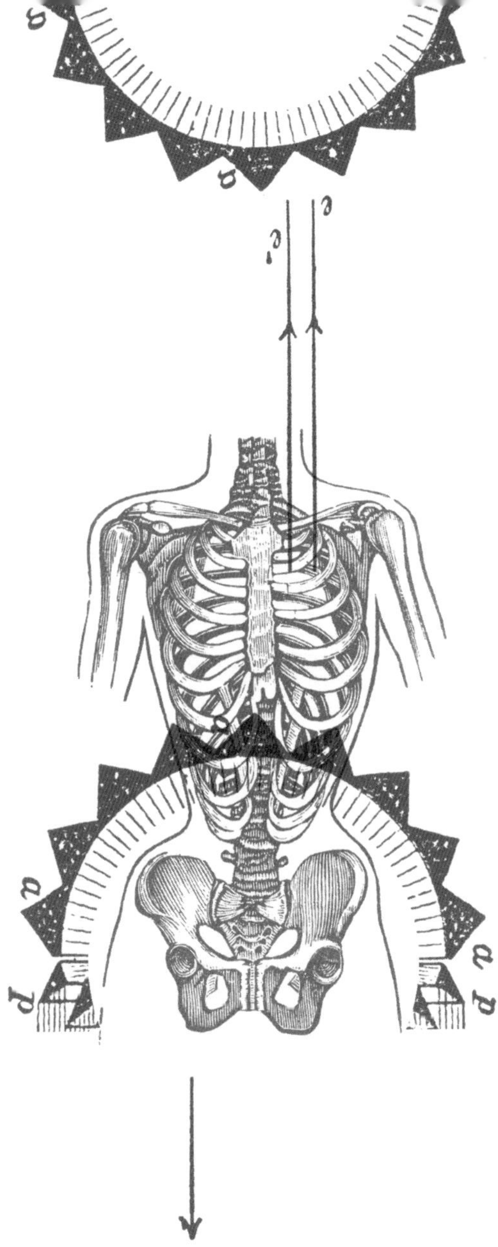
a
e
e'
a
a
d
d

CLARÍSSIMO ESPECTRO

Nº BT-HLD 007

Era ininteligível à maneira das plantas, dessas trepadeiras que se expandem buscando a luz, que parecem imóveis, mas basta a gente ir lá dentro tomar um copo dágua que na volta ela já avançou mais um ladrilho. Perguntava um pouco o tempo inteiro. A caligrafia era tumultuada, evitava as linhas do caderno como se evita um tiroteio, as palavras dispersadas em várias direções por um terremoto silencioso.

Ainda hoje seu rosto é um mistério de olhos amendoados e malares salientes, cercado por penteados e roupas dos anos 1950. Erguia o cigarro como se não lhe pertencesse. Escrevia em transe, aos arrancos, aos zigue-zagues. Deus a definiu um dia como um círculo cuja circunferência estava em toda parte e o centro em nenhuma. Debatia-se na gosma espessa do tempo, retida no insuportável presente, vendo o calendário fluir à sua volta, escorrer sem remissão. Sua vida foi um afogamento. Suas mãos eram arcos e eram cordas.

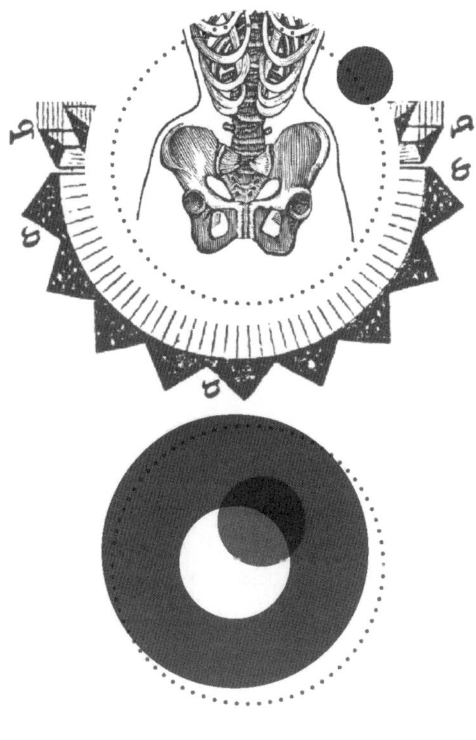

Passou entre nós como um fantasma para o qual fôssemos nós os transparentes, nós e as forças que nos movem: paixão, coração, prazeres. Através da matéria, enxergava o balé das forças, a hierarquia inconstante das vontades, a fatalidade serena que impele a gota de chuva rumo ao chão e o chão rumo à gota de chuva. O destino descascou sua vida, enxaguou-a de tempestades, esboroando tudo menos a pedra lavrada das palavras.

Em volta dela, aonde fosse, movia-se aquele umbral. Falava de coisas ausentes como se estivessem sentadas ali naquela mesma sala. Óculos, xícara, leque, biscoito, batom: tudo isto era feito da mesma substância cristalina das mãos que os tocavam. Seu comércio com o mundo era solerte, na cumplicidade que as meras coisas mantêm entre si quando não estão sendo observadas.

Criava a loucura como quem cria um cachorro num apartamento. Aceitava o fato de que crescemos como uma árvore ao contrário, onde cada galho ramifica-se em outros galhos mais grossos, e estes em outros mais grossos ainda. Aceitava o gigantesco desperdício que é viver. Quando tinha insônia, aconchegava-se ao travesseiro e ao consolo de não estar numa madrugada fria, levando chuva num ponto de ônibus deserto. Tinha um corpo sem terra, uma mente sem teto. Escutava os pensamentos de todo mundo o tempo inteiro e não conseguia se concentrar nos seus. Pensava que ser todo mundo era uma obrigação, e que não estava sabendo se desincumbir direito.

Para ela, o ser e o não ser eram as duas asas do ser. Via numa parede o que se vê nos espelhos, e via no espelho o que se vê nas janelas. Viveu separando com um bisturi as fibras do melodrama. Sobreviveu à própria infância. Passou a vida com um anzol cravado na língua da alma. Todas as noites um anjo a visitava, mas nunca lhe disse nada. O mundo passou por ela como o sol por uma peneira. Um sorriso oblíquo morava em sua boca, como se ela não soubesse que era apenas uma mulher feita de cacos de vidro.

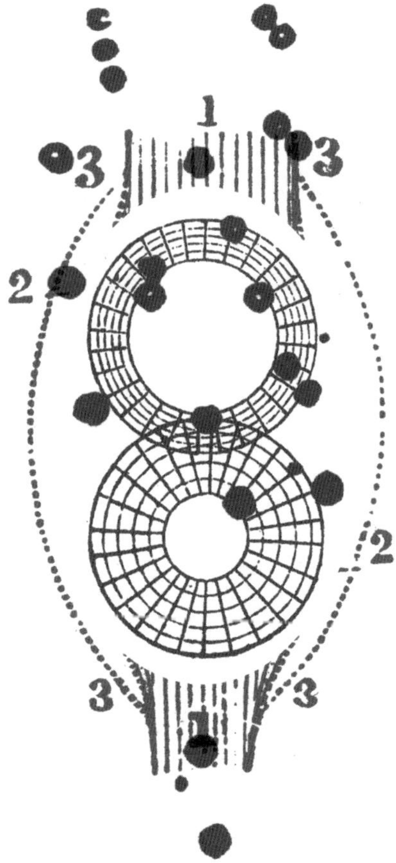
1
3
3
2
2
3
3

O Nº BT-HLD 008 ULTRAGOOGLE

Este novo fenômeno do mundo digital vem comprovar minha tese de que tudo no mundo se deve ao Acaso, e mesmo os outros fatores que parecem contrabalançá-lo – a Vontade, a Necessariedade, o Determinismo, o Livre-arbítrio, a Convergência Socioestatística – não passam de bolsões isolados no corpo do Acaso, como minúsculas bolhas de ar aprisionadas na massa densa de um iceberg. Uma década atrás, o sonho e xanadu mental de todo brasileiro eram as seis dezenas cabalísticas da Mega Sena. Hoje, são os oito algarismos do telefone do Ultragoogle. Um programa especial os altera sempre que alguém acerta, de modo que quem tiver essa chance pode fazer um pedido, por mais complexo que seja; depois, não adianta discar de novo, porque o número mudou. Suas chances voltam a ser as mesmas de todo mundo.

Muitos amigos meus devem ter discado esse número por engano e perdido a oportunidade apenas porque estranharam a resposta

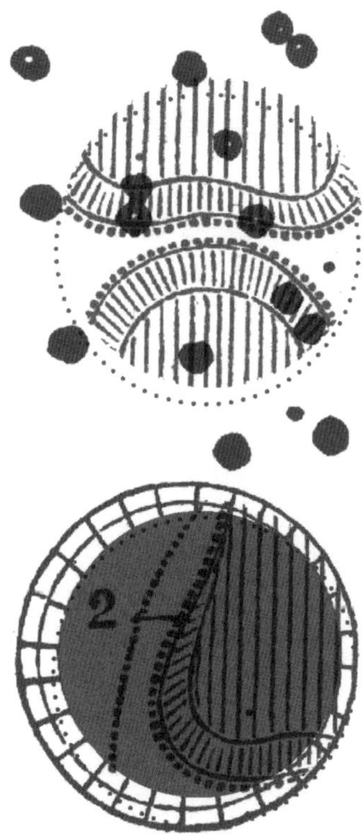
2

calma e polida do outro lado da linha: "Ultragoogle. Em que posso servi-lo?" O primeiro que teve uma resposta à altura foi meu amigo Dudu, da carvoaria, que, respondeu em cima da bucha: "Rapaz, me traga aqui em casa duas dúzias de Skol bem geladinhas, um prato de moela, e uma mulher!" Riu e desligou. Meia hora depois, tocou-lhe à campainha uma moreninha no capricho, com a encomenda em dois isopores. E a conta, claro. Que ele pagou e não se arrependeu. Depois matutou como o Ultragoogle sabia seu endereço, e deduziu que era através da conta do celular com que ligou.

João Paulo, aquele baixinho que trabalha na Chesf, ligou um número aleatório e quando ouviu a resposta disse, pra testar: "Quero uma pizza grande metade calabresa e metade pepperoni, uma Coca dois litros, uma camiseta preta tendo impressa minha foto e meu telefone, o livro novo de Veríssimo e um celular TIM em meu nome." Meia hora depois recebeu a encomenda, pagou em cheque, e só reclamou do preço da camiseta (cinquenta reais).

Oito números! Parece quase nada, mas vivo tentando, tentando... Jodélzio, que mora aqui no andar de baixo, mangou de mim dizendo que isso era lenda urbana da operadora para fazer as pessoas ligarem mais e pagarem mais. Fiquei meio dubitativo, mas aí me chegou um email entusiasmado de Germana, que é produtora executiva na Sempre-Vídeo. Ela ligou para um fornecedor (estavam fazendo um longa-metragem sobre Villa-Lobos) e o Ultragoogle atendeu. De mau humor, ela disse: "Preciso de um palacete mobiliado estilo 1930, um trem de ferro e duas orquestras sinfônicas." Preciso falar mais? O filme já ganhou três prêmios.

Ultragoogle! Por que não pensei nisto antes, por que deixei os americanos mais uma vez passarem na minha frente na árdua maratona das invenções que mudam o mundo? Continuo aqui, celular em punho, polegar infatigável. Meu pedido está pronto e decorado na ponta da língua. É só uma coisa, uma coisinha só, uma coisica de nada, nada, nada-nadinha... Atenda, Ultragoogle, por favor!

{ Parte I } – Matéria-prima

NOTAS DUM PINTOR FLAMENGO

"Na minha já remota infância, imaginava eu que um quadro era feito a partir das bordas para o centro, já com as cores, texturas e formas definitivas. Pensava que se alguém entrasse no ateliê de um artista o encontraria diante de um quadro metade em branco e metade já do jeito que estaria sendo visto, anos depois, nas paredes dos museus. O artista expandia essa imagem pronta por sobre a superfície vazia, até preenchê-la por completo. Parece absurdo? Pois consta ser assim que muitos poetas fazem: tomam de uma folha de papel em branco e tentam inscrever nela as palavras definitivas, na ordem definitiva, até o ponto final.

"Um quadro é feito por camadas, esboços rápidos a carvão que logo são cobertos por desenhos que aos poucos vão sendo preenchidos com tinta. É assim que sei trabalhar, indo da visão do conjunto para as partes, do equilíbrio geral das formas para a individualização e variedade dos detalhes. Sem ter uma ideia geral em mente desde o início, a quantidade de tentativas e erros se multiplica muitas vezes.

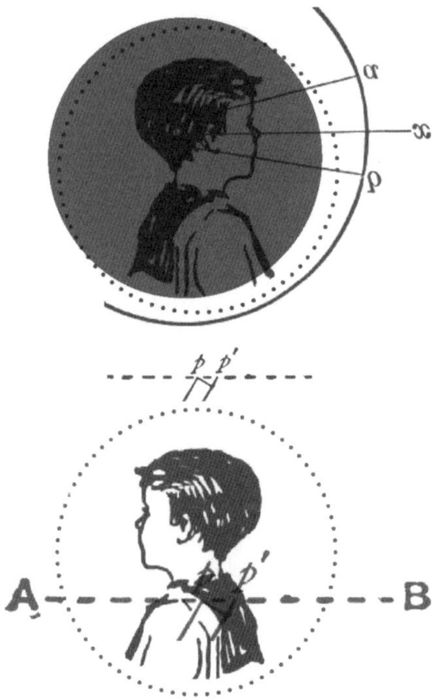
α
x
ρ
p p′
A
B

"Bem sei que há escolas modernas que prescindem deste processo: os abstracionistas, os tachistas, os 'action-painters' e outros. Mas lembre o leitor que cultivo uma arte onde há não só várias camadas de tinta, mas várias camadas de processos organizativos, se bem me exprimo. Há o conteúdo 'literário' do quadro, sejam florestas, sejam personagens, sejam montanhas, castelos, salas de visitas ou vultos mitológicos. Há a composição do quadro, que deve ser atrativa ao olho e desafiadora ao espírito. Há o jogo dos volumes e profundidades, a alternância dos claros e escuros, a escolha e posicionamento do que seja vertical, horizontal ou oblíquo. Cada fase destas requer um planejamento que não colida com as fases anteriores e que deixe espaço para as seguintes.

"Daí que tantas vezes o espectador da pintura se decepcione: 'Mas é só isso, este quadro tão famoso? Uma mulher amassando pão perto de uma janela?' Uso o termo espectador a propósito. Pessoas assim gostam de quadros que, pelo inusitado de seu conteúdo literário ou pelo agressivo de suas cores, tome de assalto seus sentidos e se lhes imponha com autoridade. Querem, numa palavra, espetáculo. Quadros como os meus, no entanto, pedem não um espectador, mas um Leitor: alguém que sinta prazer em concentrar o foco da atenção num detalhe sem perder de enquadramento o geral da obra. Alguém que destrinche, que decifre, que compare, que interprete, que vá e volte seguidamente de um ponto para outro até perceber as camadas de intenções, nem sempre evidentes, em que se articula o Todo.

"Diferentes pinturas exigem diferentes leituras ou apreciações; não é o fato de comungarem tintas e telas que as transforma numa mesma espécie de artifício. Não se deve esperar, da música de saltimbancos, arquiteturas de uma sinfonia, nem se deve exigir desta a liberdade de improviso e a feliz imprevisibilidade que são as alegrias daquela."

A
B

ANOTAÇÕES PARA UM CONTO

Ali está a Casa Grande, ainda de pé depois de século e meio, habitada por quatro sobreviventes da família dos Severos, todos com mais de sessenta anos. Mantêm a antiga pose de senhores de terras e de escravos, mantêm o orgulho do sobrenome, que se ramifica por todo o Estado, mas venderam tudo o mais que tinham. Daquela colina onde a casa está postada, todos os horizontes já se erguem em terra alheia. Ficaram apenas com este pequenino feudo de alguns quilômetros em torno da colina; e com o vale onde se estende o Brejo.

Pronto. Eis o Brejo. Encalhado entre dois morrotes cobertos de matagal e a margem direita do Rio das Cobras. Aqui, o solo é empapado, turfoso, enegrecido por uma lama que brota lá de baixo. É um local que parece atrair e sorver reses extraviadas, meninos imprudentes. Aqui e ali se veem cruzes toscas feitas de galhos, deixadas por famílias que foram até a borda daquele declive seguindo as pegadas de alguém que não voltou. Desafetos

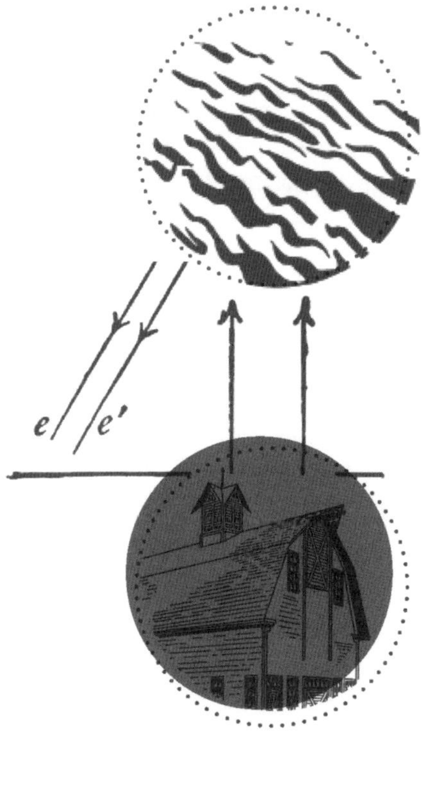
e
e′

dos antigos senhores da terra eram trazidos até ali, com os pulsos atados aos tornozelos, e atirados do alto de um barranco. Perto dali, o rio corre, rumoroso, rápido, por entre pedras pontiagudas.

Dando a volta a um dos morros, estão as ruínas enegrecidas da casa onde uma família inteira ardeu numa noite remota. Era um dos filhos do Severo que reinava naquela época. Morava ali, a uma cavalgada curta da casa do pai, com quem entrou em questão por causa de escrituras e posses. Tinha herdado o temperamento raivoso do velho. Num almoço onde explodiu um bate-boca, foi esbofeteado pelo pai e disparou dois tiros no seu peito. Fugiu e refugiou-se em casa. O velho não morreu, e da cama mesmo deu a ordem. Os capangas foram lá de tochas em punho. Restam apenas as pedras queimadas. Da família, não ficou o que enterrar.

Mais adiante, a Curvinha. Ganhou esse nome por ser um desvio semicircular da estrada retilínea que leva ao vilarejo, desvio criado para deixar intacta a sepultura de Cimério Braz. Tendo declarado guerra desigual ao poderoso clã, Cimério foi desfeiteado em público por Chico Severo, o patriarca, em cujo rosto cuspiu de imediato, jurando que os Severos só voltariam a cruzar a estrada que atravessava suas terras se passassem por cima do seu cadáver. No dia seguinte, seis jagunços ali o sangraram e enterraram, no meio da estrada, para que sua jura se cumprisse. Mas o povo, em respeito ao morto, preferiu arrodear, e sua sepultura hoje vive coberta de mato intocado, porque depois nem mesmo os Severos tiveram de coragem de pisar em cima dela.

Seguindo adiante, entra-se num cerrado brabo de terra pedregosa, galhos ressequidos e cinzentos. A certa altura, erguem-se lajedos escuros e rotundos. Rodeando o maior deles, o visitante encontra uma fenda na rocha de onde flui um fio de areia finíssima, a mesma areia muito branca que forra as centenas de metros em torno. Não se sabe há quantos anos flui aquela areia, mas é voz corrente que ela um dia cobrirá o mundo.

VIDEO-CLIP

Nº BT-HLD 011

Começa na escuridão total, um riff hipnótico de guitarra, palheta rascando nos bordões, enquanto a câmara recua e revela estar no interior de um labirinto de encanamentos enferrujados, gigantescos – a escala é dada por um operário com macacão de sarja azul e máscara de ferro, soldando uma juntura e produzindo uma girândola de faíscas prateadas, pelo meio da qual a câmara passa à medida que emerge o pulsar profundo da bateria e o solo lancinante de guitarra distorcida. Começa um lento *travelling* vertical que sobe ao longo da parede descascada em tons de ocre e azul-de-metileno, com pichações (pichações, nas paredes de um duto subterrâneo!), corações partidos, rabiscos pornô, raios em zigue-zague, caveiras de vampiro, frases soltas, "concha de tu madre", "abajo los de arriba", a câmara continua subindo e vemos a descida de uma bola de ferro atada à ponta de uma corda, quando entra o vocal rasgando os primeiros versos, "Embaixo do mundo tem um mundo de medo, tem um monstro, um segredo, tem uma montanha maior do que o mar..."

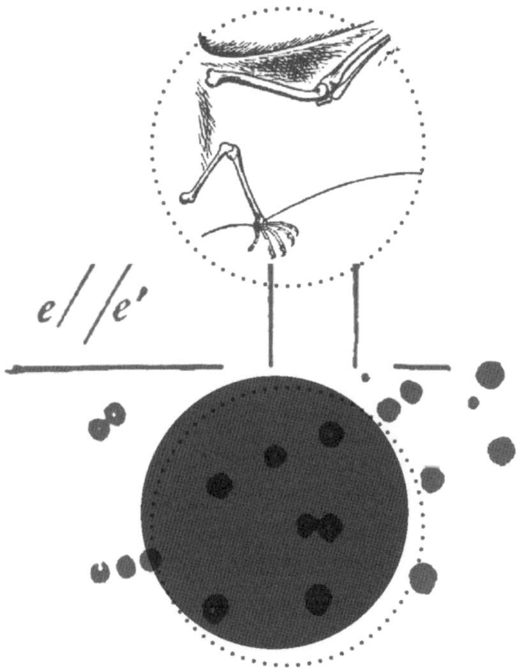
e/ /e'

A parede é explodida e por trás dela vê-se outra parede que parece de chapas de aço luzidio cheias de rebites, que também é explodida enquanto a câmara avança para a frente, e depois vem uma parede de rocha basáltica negra e luzidia, que também explode, e depois desta há uma enorme folha de papel pautado, uma carta, escrita com tinta azul desmaiada, caligrafia cursiva com letras em cirílico, e essa carta gigantesca também explode e revela atrás de si (enquanto o verso é repetido, e guitarras dobradas em terça agora se superpõem à voz) uma epiderme de poros gigantescos, pele viva e colorida que arfa e se agita, e agora embora a câmara pareça estar avançando a imagem recua e a pele é do seio de uma moça deitada, cabeça apoiada no antebraço, está deitada numa mesa de laboratório cheia de cacos de vidro, enquanto os versos falam em "lençóis de gelo, lençóis de óleo negro, com moedas de ouro cristalizado..."

Rufos de tambores, uma meia dúzia de bateristas poderosos rufando em conjunto enquanto os contornos de imagem se desmancham a cada pancada, tremendo como treme a água de um copo à aproximação de um trem. E é de fato um trem que se desloca, pois a mesa de laboratório está no interior de um vagão hermeticamente fechado, e as vidraças estão ocupadas por homens-morcegos descarnados que esmurram os vidros querendo entrar. Teclados pungentes, rascantes, recortam o coro de vozes cavernosas que anunciam: "nas escadas da Noite de Walpurgis, rolam corpos queimando sem parar". O trem avança no corredor de um hospital imenso, e nas portas dos quartos enfermeiras e pacientes o veem passar trovejante, e se persignam. E na última janela do trem que se afasta um homem nu, descarnado, amarrado por correntes de ferro ao gradil do vagão, canta "ecoa, ecoa, por dentro das veias de qualquer pessoa", e a câmara se aproxima de sua boca e é engolida para sempre.

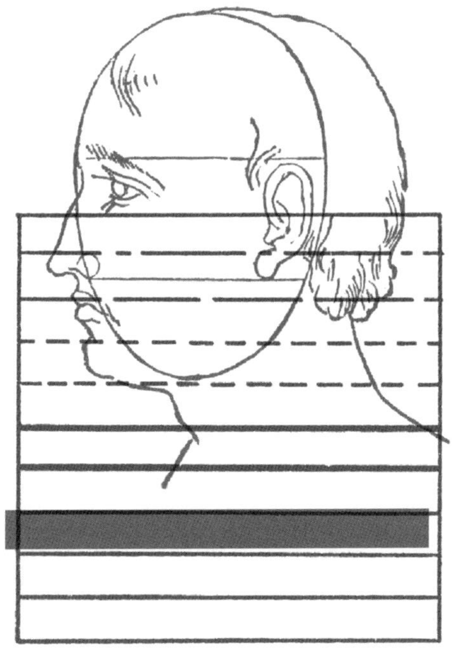

MACHADIANA

Nº BT-HLD 012

01

"Não, não lembro em que ano foi. Os anos são todos parecidos, e mudam com muita rapidez. Mal nos acostumamos aos seus algarismos, somos advertidos de que o último deles acaba de ser trocado. Acho o conceito de ano um refinamento desnecessário, deveríamos fixar-nos nas décadas, que estas, sim, consigo distingui-las umas das outras, principalmente antes do quinto uísque. Onde estávamos mesmo? Ah, sim, meu último encontro com o Comendador Fortunato. Foi na casa de campo em que ele enfrentou a aposentadoria, na Serra de Petrópolis, e se não me falha a memória isso aconteceu em agosto de 1997.

"Conheceu o Comendador? Pois deveria. Uma das mentes mais brilhantes de sua geração. Foi meu professor na Faculdade, embora só tivéssemos nos tornado amigos tempos depois, durante o escândalo policial e jurídico que foi a investigação do assassinato do Dr. Junqueira, sócio dele e meu cliente. Fui a principal testemunha na autenticação do testamento de Junqueira, mediante o qual Fortunato entrou em posse de tudo: latifúndios, indústrias,

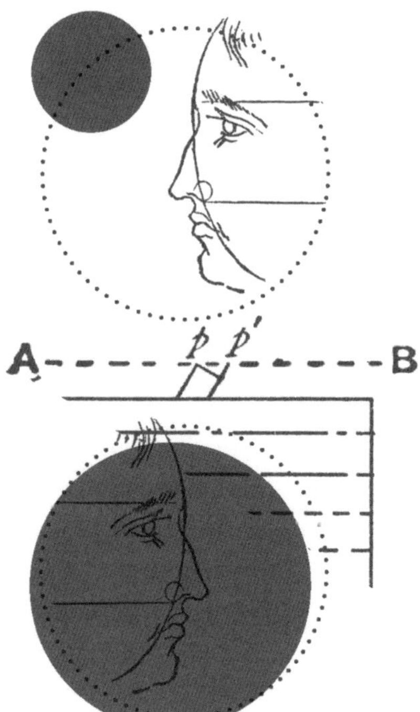
p p'
A
B

debêntures, controles acionários. Herdou também (não por testamento, claro) a viúva, Heloísa, a dos louros cabelos e olhos azuis.

"Junqueira era tão rico que todo mundo herdou algo com sua providencial desencarnação. Até o seu caseiro, que herdou uma condenação por provas circunstanciais e meses depois um estoque em pleno peito, nos recessos de uma cela superpovoada. E a vida foi em frente, Fortunato cada vez mais poderoso, Heloísa cada vez mais bela, e ambos cada vez mais agradecidos ao locutor que vos fala hoje, a sós, nesta biblioteca de estantes de mogno e lareira acesa, empunhando um tilintante uísque que o distrai da chuva lá fora.

"Chovia quando visitei Fortunato pela última vez. Já faz tantos anos. Recebeu-me com cortesia, mostrou-me o novo haras, a nova piscina, a estufa, as fotos do orfanato recém-inaugurado que mandara construir. Fê-lo com melancolia; após o almoço tomou duas pílulas de um vidrinho que trazia no bolso, e comentou com ironia os avanços da Ciência, que lhe salvava a vida três vezes por dia: após o café, após o almoço, e após o jantar. À noite, mostrou-me livros recém-importados de um antiquário em Milão, e eu lhe mostrei a versão autenticada do novo testamento, que incluía as incorporações mais recentes. 'Se eu tivesse dez filhos, ficariam todos ricos com a minha morte', suspirou ele, 'mas Heloísa merece, ela tem sido meu esteio, a razão da minha vida'. Sem uma palavra, ela tomou-lhe nas mãos manicuradas a mão cheia de manchas marrons e veias azuis.

"Não pernoitei. A chuva amainou, aleguei um compromisso urgente e desci a Serra às dez da noite. Trazia no bolso o vidrinho que Fortunato deixara por descuido na mesinha da biblioteca. Em que ano foi? Não lembro. Perguntem a minha esposa, Heloísa, quando ela voltar de uma das suas intermináveis viagens à Europa. De onde, aliás, me traz este uísque com sabor de fogo, de sangue e de lótus."

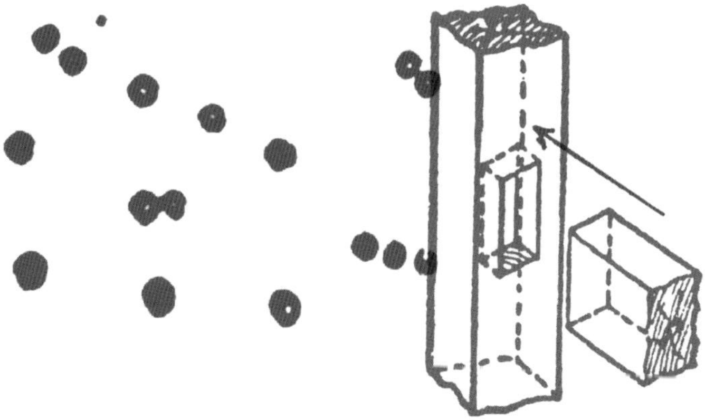

ARTE OU CRIME

Nº BT-HLD 013

A grande polêmica ideológica de 2017 foi o chamado "Crime da Bienal", ocorrido na capital de um país latino-americano. No dia da abertura da Bienal de Artes local, um turista dinamarquês morreu ao intervir numa instalação do artista Luís Morales. A instalação consistia em uma sala, vazia à exceção de um pedestal de madeira branca com metro e meio de altura, sobre o qual estava pousada uma pistola Magnum, presa ao pedestal por um cabo metálico (aparentemente, para não ser levada embora). Na parede em frente, um espelho de corpo inteiro, e o letreiro: "Do You Want to Kill Yourself?" Os visitantes empunhavam a arma, apontavam para sua imagem no espelho, faziam piadas, iam embora.

Uma hora e meia após o início da visitação, o dinamarquês Gunnar Svenstrom, de 43 anos, apontou a arma para a cabeça da própria imagem e puxou o gatilho. Para susto e terror das demais pessoas, houve uma explosão, o espelho voou em pedaços em todas as direções, e verificou-se que por trás dele, num

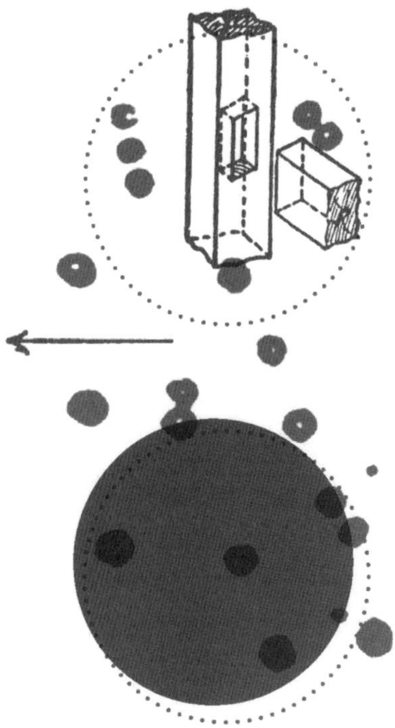

pequeno cubículo, havia uma pistola idêntica, aparentemente guiada (em movimentos, pontaria etc.) por um controle remoto embutido na primeira. Quando o gatilho de uma foi apertado, foi a outra que disparou, matando instantaneamente o visitante.

O artista foi detido (e liberado sob fiança), acusado de homicídio doloso, em que há intenção de matar. Seus advogados alegaram que o gesto da vítima foi voluntário, e que a pergunta escrita era advertência bastante, não configurando ordem, coação ou injunção de qualquer natureza. A promotoria contra-atacou lembrando que em momento algum foi informado aos visitantes que havia uma arma de verdade escondida por trás do espelho, e que a vítima, muito compreensivelmente, julgara que se tratava apenas da proposição de um gesto simbólico, sem consequências mais sérias.

Três dias depois, o artista fez publicar nos principais jornais da cidade uma carta aberta à população, onde dizia, entre outras coisas: "À Arte cabe comunicar-se diretamente com o Inconsciente dos indivíduos, explorar suas pulsões, cristalizar conflitos, catalisar desfechos. A pergunta formulada em minha instalação foi respondida negativamente por todas as pessoas que ali passaram, precedendo o suicida. Vários empunharam a arma; nenhum puxou o gatilho. Que melhor demonstração de livre-arbítrio? Se o suicida disparou a arma, foi um gesto brotado das profundezas tectônicas de sua psique, foi um vigoroso SIM!, que ele pronunciou no deliberado e consciente gesto de apertar o gatilho. Cabe à arte desvendar e corporificar o destino individual dos que concordam em penetrar seu templo e submeter-se aos seus ritos. Uma sociedade como a nossa, que acaba de legalizar a eutanásia médica, não pode tratar com outro peso e outra medida a eutanásia psico-estética." Pode ser sinal dos tempos, mas o fato é que Morales foi absolvido, em primeira instância, por nove votos a favor e três contra.

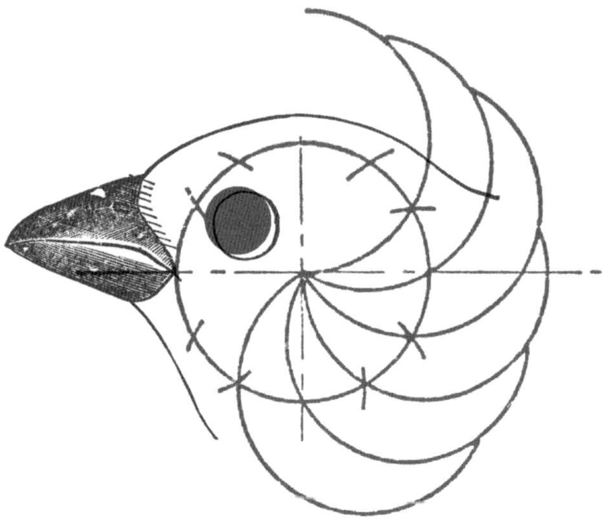

CHICA DONDON

Nº BT-HLD 014

Dico ouvia falar em Chica Dondon desde que se entendia de gente. As mulheres não tocavam no nome dela, como se fosse perigoso. Diziam "a tal", ou então "a sujeita da Vazante", que era a baixa que corria ao longo do canavial. Lá se erguia a casinha de alvenaria, bem cuidada, com gaiolas de pássaros penduradas em volta. Quem falava nela como bem entendia eram os homens reunidos na bodega. "Vou lá em Chica hoje", diziam, "vou descarregar." Dico avistava de longe um vulto debruçado na janela, com um pano vermelho na cabeça, como que esperando alguém. Ela só ganhou existência real quando o pai dele, Noberto, entrou um dia no assunto. Dico estava sentado no batente da bodega ("vá lá trazer seu pai, e não me chegue aqui sem ele"), e os homens estavam bebendo e cuspindo. Seu Mateus estava arranchado em cima duma saca de farinha e disse, "Noberto, tu não vai mais na Dondon? Ela vive perguntando." O pai respondeu: "Eu só piso em merda quando não vejo." Os homens riram e Mateus insistiu: "Rai te danar, tu já passasse por aquela cama." E ele: "Eu só fui

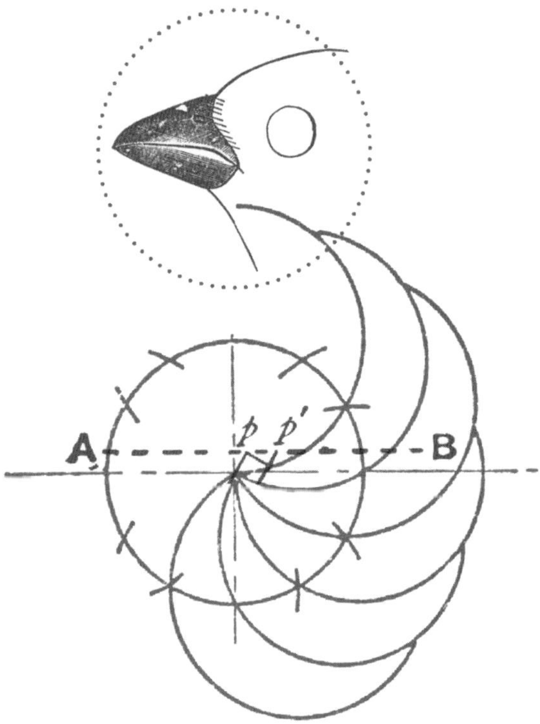
A
B
p
p'

lá quando tinha quinze anos, e não fui pra cama, fiquei sentado no sofá e quando terminou fui-me embora." Houve uma trovoada de risos e aquilo nunca mais saiu da cabeça dele, principalmente aquele pedaço: quinze anos!

Quinze anos! E ainda era donzelão, como gritavam os moleques do canavial, facão em punho, quando ele passava rumo à escola. Os olhos pesados de sono à noite, quase colados à folha do caderno, fazendo o dever, à luz do candeeiro, escutando os berros da professora porque não sabia dividir as sílabas de "ro-se-i-ra-l", a reguada nos dedos, os outros meninos gritando com ele, "vai lá em Chica tirar o selo, senão a gente tira o teu!", e outro gritava, "vai logo, quem não faz leva!".

Um domingo estava de castigo e a família foi pra missa. Pulou a janela e disparou para a Vazante como quem resolveu morrer. Bateu na porta sem ar. "Quem é?", perguntou alguém lá dentro. Ele acertou a dizer: "Dico de Noberto". Ela o fez entrar. Não era velha e cheia de feridas como ele imaginava, era muito branca, toda redonda, e cheirava a alfazema. Fez menção de levá-lo para o quarto, mas por alguma razão ele jogou-se no sofá. Ela se ajoelhou na frente dele e abraçou-o com calma, apertou-o de encontro a si e disse baixo, "Ô coraçãozinho pra bater..." Ele quis dizer que viera correndo, mas a boca estava seca como um papel. Ela o cobriu de cheiros, de afagos, e por fim falou: "Tu parece com teu pai. Mas tu não é pra mim. Sabe aquela casinha amarela lá embaixo, perto do rio? Quem mora lá é Zuleide, minha sobrinha. Ela te conhece. É uma de trança, que vende boneca na feira. Vai lá. Bate e diz quem é, que ela é doida por tu." Ele pediu um caneco dágua, bebeu, e disparou de novo. Alguma coisa estava iluminando o mundo. Nuvens roxas cresciam no céu enquanto ele corria, o vento bravo aumentava, e as canas farfalhavam como um roseiral.

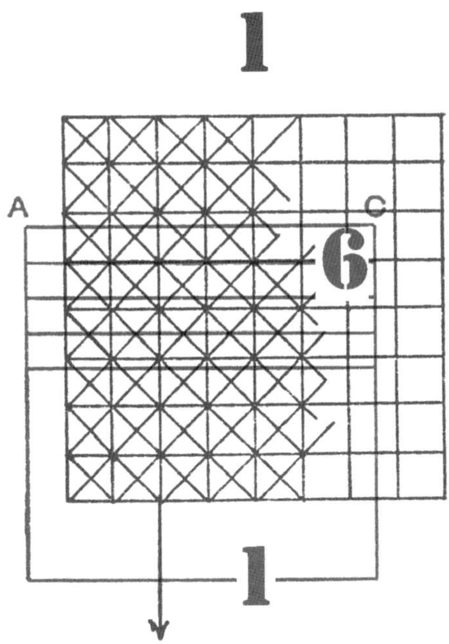
1
A
C
6
1

O NÚMERO FATAL

Nº BT-HLD 015

Nossas vidas têm regularidades tão implacáveis quanto as que regem o balé dos planetas e a multiplicação dos cromossomos. Pensamos que somos dotados de livre-arbítrio, mas nosso livre-arbítrio consiste apenas em imaginar que o temos. Um indivíduo que salta de um arranha-céu é livre para pensar o que quiser, inclusive que poderia interromper a queda, mas, talvez até para provar o seu livre-arbítrio, ele toma a decisão de continuar caindo. A natureza se repete; é do seu feitio. Não podemos imaginar que um belo dia uma laranjeira produza, no meio das laranjas habituais, uma graviola. Ou um relógio.

O caso de Thomas Adelmann, por exemplo. É um pacato comerciante de Munique, dono de uma loja de relógios que herdou do avô através do pai. Talvez fosse ele (que a cada noite, antes de dormir, toma de um caderno da capa preta e anota em colunas, com letra miúda, as despesas do dia, desde o metrô ao cigarro, desde o jornal ao carnê do seguro, desde as frutas que trouxe para

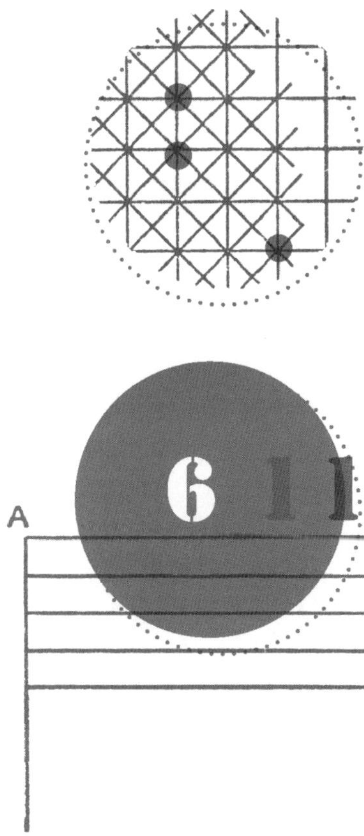
6
11
A
C

casa à mesada da filha adolescente) uma das pessoas mais capacitadas para perceber a existência do número fatal, o número que rege sua vida. E este número é 611.

Como se sabe, na vida não há coincidências, a não ser que consideremos uma coincidência o fato de que toda tarde, após o trabalho, voltamos para a mesma rua, entramos na mesma casa e dormimos na mesma cama. Coincidência, os números marcados numa régua estarem todos a um centímetro de distância um do outro? A vida de Thomas Adelmann estava regida em ciclos de 611 horas ou 611 dias. Esta era a raiz (o x-linha e o x-duas-linhas) que zerava de forma satisfatória as modestas turbulências produzidas no Universo pela sua presença; e o readmitia no fluxo da harmonia universal.

Thomas nunca somou as letras do seu nome completo, do da sua esposa, e dos pais e avós de ambos. Se o tivesse feito teria chegado ao número 611 e isto lhe pareceria um dado aleatório. O lacônico testamento do pai, deixando-lhe, previsivelmente, a loja na Schillerstrasse, tinha um total de 611 palavras. O bilhete de loteria que um vendedor com óculos verde-escuros lhe ofereceu numa estação de trem ostentava um número que era (mas como Thomas poderia saber?...) 611 ao quadrado (ele agradeceu e recusou o bilhete, que dias depois fez a fortuna de uma professora de piano regida pelo mesmo algoritmo). E como explicar a Thomas que o dia de sua morte ocorrerá num múltiplo de 611 em relação ao do seu nascimento?

Se existissem deuses poderíamos elogiar sua generosidade. Não os havendo, basta dizer que é uma feliz coincidência o fato de que as regras fundamentais do nosso destino nos são invisíveis, de tão amplas. São como as Linhas da Nazca, que traçam figuras quilométricas e imperceptíveis sob os pés dos incautos viajantes. Fosse o número, em vez de 611, um simples 3 ou um simples 7, é possível que numa noite insone Thomas saltasse na cama, gritando "Eureka!". Ao que nos consta, isto até agora não aconteceu.

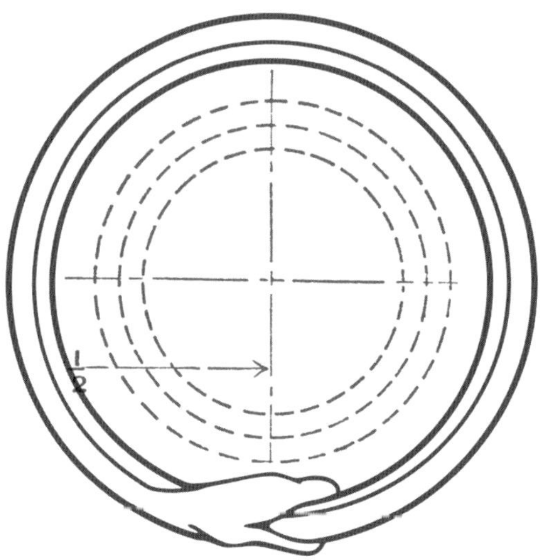
1/2

{ Parte I } – Matéria-prima

ATRAVESSANDO O ABISMO

É o único trajeto que ele percorre, às vezes diariamente, às vezes dia sim dia não. Nunca deixa de ser, para quem mora sozinho, uma aventura e um pesadelo. Sair do apartamento, descer dois lances de escada, chegar à rua, fazer compras rápidas, voltar para casa. Tudo não dura uma hora, mas para Seu Tomás equivale a caminhar num fio esticado entre dois arranha-céus. Oito décadas de ferrugem nas juntas não lhe ajudam os movimentos, e seis décadas de cigarro lhe empedraram os pulmões; mas não é o desgaste físico do trajeto que o faz estremecer. É o que ele se habituou a chamar, consigo mesmo, de Os Altos e Baixos.

Por exemplo: sair de casa. Ao fechar atrás de si a porta, troca um olhar de passagem, no corredor, com a vizinha do 603. D. Lucíola: seu azedume, suas reclamações, suas fofocas. Profundamente infeliz, Seu Tomás se arrasta para o elevador, desce. À sua volta tudo poreja pessimismo e hostilidade. Pensa que se o prédio se incendiasse morreria feliz, vendo-o arder. Na portaria, Gilson, magrinho, de óculos, atencioso, lhe estende um envelope que

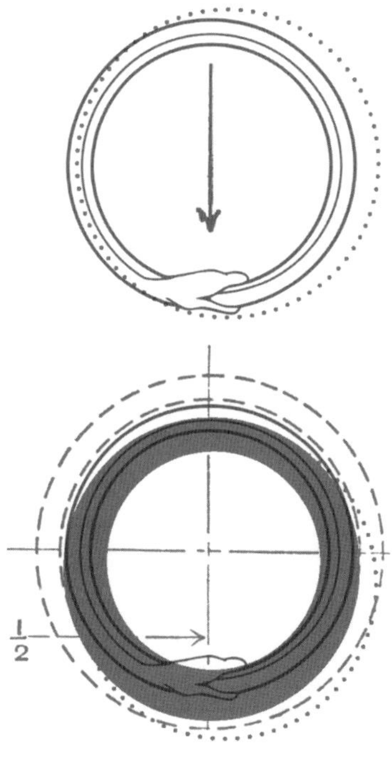
1/2

acabou de chegar. O mundo se transforma. É o contracheque da aposentadoria, com seis dias de atraso. Seu Tomás o guarda como se fosse a chave do Paraíso, e é o Paraíso que encontra ao chegar à calçada e se misturar aos transeuntes. Bom dia, calçada. Bom dia, banca de revistas. Bom dia, ônibus lotados, carros, barulho, bom dia buzinas, bom dia vitrines e anúncios em neon.

O Paraíso avança ao seu redor enquanto ele caminha, mas se fende com brutalidade quando ele se aproxima da banca, vê os jornais dependurados lado a lado como lençóis para secar, e vê o caderno de esportes lembrando a derrota da véspera. E ainda mais com uma manchete sarcástica. E o retrato do artilheiro, que passou em branco, com as mãos no rosto. E a notinha apocalíptica sobre a proximidade da zona de rebaixamento. E o rebaixamento do Paraíso a Purgatório, onde nas almas punge a dor da incerteza, uma dor talvez maior, porque em movimento incessante, que a dor da condenação, que pelo menos é a Paz do Nada. Uma noite moral se abate sobre o quarteirão. Seu Tomás desiste de ir à padaria, desiste com tal desânimo que se esquece de impedir que as pernas continuem a conduzi-lo. Não quer ir à padaria. Quer voltar para casa. Agora. Não, quer deitar na calçada, agora. Quer enrodilhar-se como um cão friorento, como uma minhoca atingida, quer fazer como a serpente mitológica que engole a própria cauda até sumir por completo.

Mas, ai! – as pernas o trouxeram à padaria, e quem está hoje no caixa senão Donana, a negrinha catita? Quando o vê ela abre um sorriso de dentes alvos e batom rubro. "Seu Tomás! Quem é vivo sempre aparece!" Os peitinhos estão ali, sob a blusa branca e engomada, prontos, quem dera, para qualquer eventualidade. Seu Tomás abre um sorriso, abre a carteira, abre um par de asas, faz a parte publicável do seu pedido, volta pra casa sem tocar o chão.

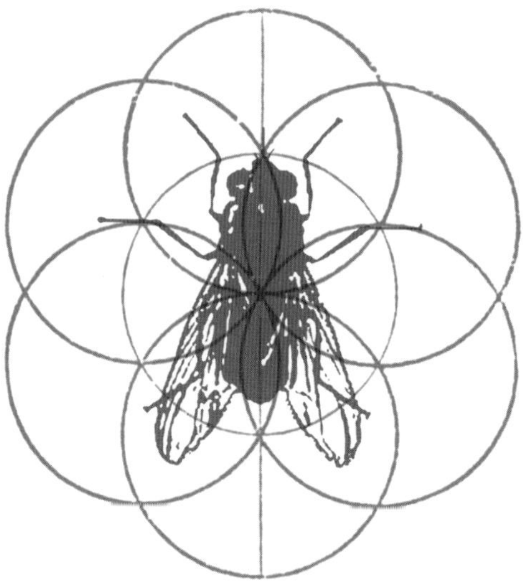

MEUS PERSONAGENS

Nº BT-HLD 017

Sob um sol de rachar em São Paulo, às 16h, eu caminhava subindo a Bela Cintra. Ao parar num sinal olhei para dentro do boteco ao lado. Lugar mambembe, moscas, luzes fluorescentes. Mesas de fórmica, quase todas vazias. Numa delas, um homem de meia idade, num terno elegante, aparência abatida, palitava os dentes diante de um prato agora vazio. Reconheci-o: era um personagem meu, Ambrósio Ramos. Cinquenta e seis anos, desempregado, procura trabalho como um louco antes que a mulher desconfie do que está acontecendo. Foi despedido de uma multinacional onde ganhava 30 mil por mês e gastava 40. Desde janeiro está na rua.

É um guerreiro. Degustador de bons vinhos, só o faz agora em casa, enquanto dura a adega. Na rua, quando vai levar currículo de escritório em escritório, almoça um PF com guaraná. Não tem como pedir à esposa que gaste menos. Prefere a morte. Na verdade, no momento em que meus olhos cruzaram com os seus, percebi a serena certeza que o invadia, e a terrível resolução.

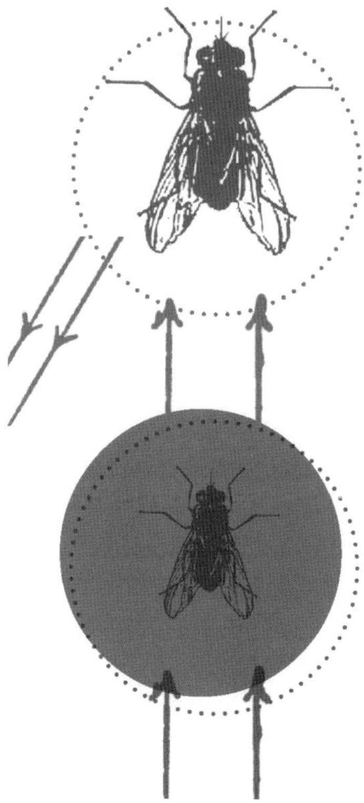

Não havia outro caminho. Afastei os olhos, angustiado. Virei na direção da Haddock Lobo, fiz algumas compras na Bella Paulista (minha padaria favorita) e voltei devagar.

Ao passar por lá olhei de novo, e tive uma surpresa. Uma bela mulata, de vestido curto, estampado, estava sentada na mesa de frente para ele. Ela tomava um chope e ele uma água mineral. Os dois sorriam, animados... Como pude me confundir tanto? Ele é Ronald Seedorf, jornalista holandês de passagem por Sampa. Marcou encontro com uma "escort" ali, o bar mais próximo do hotel em que se hospedava. Queria conversar, quebrar o gelo, para que quando chegassem ao elegante saguão das suítes já houvesse entre os dois o confortável misto de intimidade e curiosidade que precede o sexo. Ronald escreve sobre economia e finanças. Conhece o Brasil há anos, e adora as mulheres brasileiras. Acha que são coquetes sem artificialismo, conseguem ser sensuais e alegres ao mesmo tempo (ao contrário das holandesas), conversam sem receio sobre qualquer assunto, mesmo que não entendam...

Vou descendo a rua e paro numa sorveteria. Peço um de maracujá com amora. Fico me deliciando, e, quando estou no final, quem vejo? O casal desce a rua e para bem ali, fazendo sinal para um táxi. Entreouço frases cordiais de despedida, um aperto de mão cordial mas distante, ela entra sozinha no banco de trás... Agora entendi quem é ele. Chama-se Pepe Borriello, mora em Curitiba, e é o sogro dela. A mulata trabalha numa entidade ambiental, casou com o filho dele há um ano. Ele lhe trouxe recados e alguma pequena encomenda; ela marcou o encontro ali. Ele escreve ficção científica nas horas vagas (é dentista) e vai embora devagar, imaginando um planeta em que a pele das pessoas muda de cor de acordo com seu estado de espírito, de modo que elas são negras quando estão dançando e se divertindo, e brancas quando estão sonhando com a dor e a felicidade alheias.

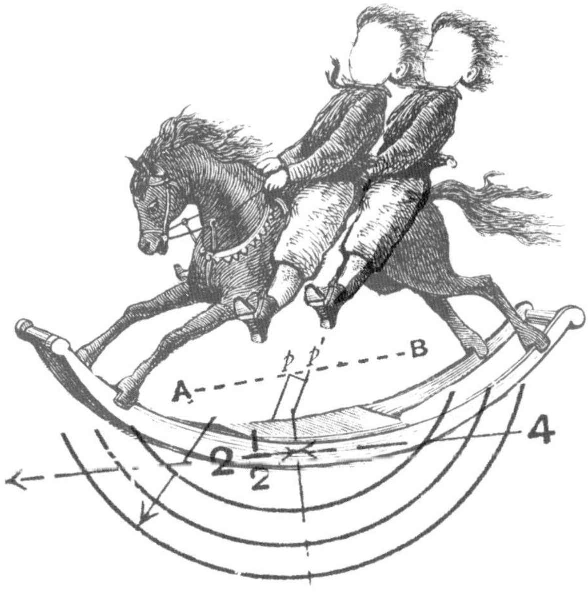

A
B
p p
4
2 1/2

NOTAS DE UM MENDIGO TACITURNO

Nº BT-HLD 018

"Nasci em berço dourado, de sangue antigo e sobrenome nobre. Desde pequeno meus preceptores me transmitiram o senso das grandes responsabilidades que pesavam sobre mim, e dos vastos horizontes à minha espera. Estudei, preparei-me, viajei pelo mundo para adquirir experiência e forjar amizades. Meus múltiplos talentos e minha personalidade forte impressionavam todos que entravam em contato comigo, e previa-se um grande futuro meu à frente do conglomerado de empresas da minha família, do qual eu era herdeiro inevitável.

"O que ninguém sabia era que minha condição de filho único produzira em mim, desde a infância, uma fantasia inofensiva que com o correr dos anos se cristalizou em certeza. Imaginei que em algum lugar do mundo eu tinha um irmão gêmeo, um menino com minha idade, meu nome e meu rosto, cuja vida seguia paralela à minha mas era seu reflexo invertido. Se eu morava numa mansão, ele morava num pardieiro; se eu desfrutava de lautas refeições e

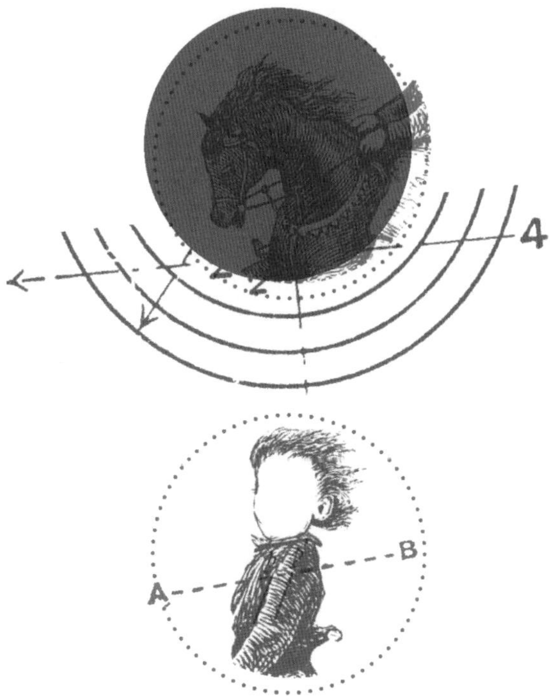
4
A
B

envergava trajes refinados, ele vestia andrajos e comia sobejos; se eu desfrutava de estudos e lazeres, ele mourejava noite e dia, ainda menino, em trabalhos embrutecedores. Éramos o oposto simétrico um do outro, e a partir de uma certa idade era-me impossível ter o prazer mais banal sem que me viesse à mente que o outro estaria não só sendo privado daquilo como talvez experimentando uma dor igualmente intensa.

"Uma noite, quando tive febre e acessos de asma, uma ideia estranha me veio à mente: a de que, enquanto eu tentava sorver grandes haustos de ar, meu outro estava em sua esteira incômoda, respirando em paz. E, de tanto imaginar e tentar imitar o modo como ele respirava, pela primeira vez em várias noites pude adormecer. Deliberei então que dali em diante tentaria equilibrar nossa mútua condição. Passei a me privar de prazeres da mesa, de conforto doméstico. Os hábitos espartanos que adotei causaram surpresa, mas foram aprovados pelo meu pai, homem rigoroso e disciplinador. A cada vez que eu madrugava no inverno para um banho frio, imaginava o outro, dormindo aconchegado em seu cobertor.

"O que dizer? Cheguei assim à idade adulta, desfazendo-me de tudo quanto herdara. Minha mãe, depois de viúva, deixou-se morrer de desgosto ao me ver desmontar o império de meu pai (e eu visualizava a mãe do outro, vendo o filho, homem feito, terminar a construção de um casebre para si próprio). Mantive-me celibatário para que ele fosse marido e pai; deixei-me adoecer para que ele tivesse saúde; desci da riqueza para a modéstia, e desta para a penúria, e da penúria para a mendicância. Hoje, velho e tossindo, durmo envolto em jornais para que ele possa desfrutar lençóis de linho e travesseiros de plumas; entrego-me passivamente à doença para que ele possa enfim ter uma velhice feliz. Não me queixo, e na verdade a única inquietação que me assalta às vezes, dormindo nesta calçada, é não saber se ele sabe que existo; e o que pensa de mim."

ANTI
MATÉRIA

STEAMPUNK BLUES

Nº BT-HLD 019

Um Belfegor fumegante bafeja calor de fornalha sobre as ruas iluminadas a lampião, com bruxuleios de fogo químico fazendo sombras dançarem nos tapumes que protegem as entranhas geológicas da metrópole, abertas pelas escavadeiras e pás dos homens empoeirados fincando trilhos para o avanço do leviatã de ferro. A névoa gelada desce do céu e envolve as gárgulas como um oceano invertido, empurrando a cidade para baixo, infiltrando-se pela gola dos sobretudos, misturando-se ao vapor quente, numa dança espiralada de neblinas que se condensam nas vidraças, gotas oleosas que escorrem deixando estalactites de luz iridescente. E nas manilhas subterrâneas de cobre rebitado circula o gás como um sangue denso e sem cor.

Civilização da compressão ótica do espaço, do telescópio que vislumbra urbanizações Rorschach nos platôs marcianos, da luneta que fiscaliza o bombardeio de "dreadnoughts" e de encouraçados, do microscópio que magnifica a guerrilha fervilhante das

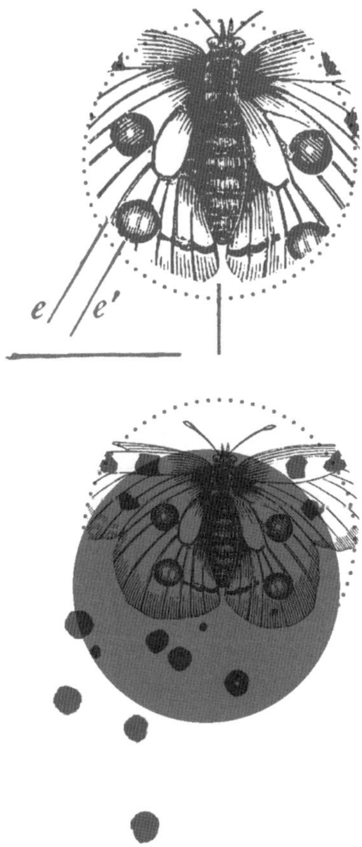
e
e'

epidemias urbanas. Civilização do automatismo mecânico delirando nas imbricações barrocas da roda dentada com os pistões, do pêndulo com o diafragma, da turbina com a mola comprimida, da perfuradora de cartões com o código Morse. Civilização da moralidade bipolar e esquizoide, em que a histeria puritana ao norte se equilibra pela depravação boêmia ao sul, em que a tecnocracia colonialista produz no leste o excedente econômico a ser consumido pelas teorizações socialistas a oeste.

E passam charretes matraqueando cascos no pavimento diante dos salões de "music hall" em que operetas de temática chinesa se alternam com sessões mediúnicas, "strippers" do Hindustão e reconstituições de crimes famosos na lanterna mágica. E os casais burgueses levam as crianças às alamedas dos parques onde suas retinas guardarão para sempre a visão das esfinges de porcelana, dos dirigíveis de bojo prateado parecendo mais leves que borboletas, das estufas de cristal guardando orquídeas, macacos empalhados, dragões de jade, tartarugas que viram o Dilúvio, pavões e araras de cores lancinantes, plantas carnívoras, pigmeus na jaula batendo num pequeno tambor e mostrando dentes em forma de flecha.

Mais de mil anos foram precisos para erigir essa babel-babilônia que cartografa o mundo, que produz e exporta traçados astronômicos transformando o planeta numa esfera cartesiana de coordenadas e abscissas tridimensionais. Cumprido o milênio, nada mais previsível do que de dentro do Jardim emergir a Besta, não um Baphomet de cem metros de altura, mas uma besta multitudinosa e onipresente: os jovens punk de rosto pardo, com dentes escuros e cicatrizes esbranquiçadas, tatuagens de logotipos futuros loteando seu corpo, cabelos moicanos cor de radioatividade, piercings falantes que dialogam entre si, sujos, escoriados, armados de tecnologias digitais e navalhas vitorianas, de mentes velozes como a de um lagarto, filhos bastardos e inevitáveis de um coito no altar sacrílego de Hefestos e Moloch-Baal.

O ALVORECER DO CONDENADO

Nº BT-HLD 020

Durante a Guerra do Paraguai, um batalhão brasileiro tomou, depois de combates encarniçados, a vila de San Isidoro de León, não sem muitas perdas, porque era um casario erguido numa colina de difícil acesso. No dia seguinte à invasão, o comandante brasileiro, o Cel. Catanduva, mandou trazer a sua presença o único dos oficiais paraguaios que sobrevivera à batalha. Era um capitão, um homem de barbas brancas, rosto crestado pelo sol, e chamava-se Yacanto. Morava ali nas redondezas, e ele sozinho abatera mais de vinte soldados brasileiros. O Coronel leu as acusações feitas contra o prisioneiro (que era um conhecido estrategista de emboscadas), e pronunciou sua sentença: fuzilamento sumário às seis da manhã em ponto. Yacanto foi conduzido a sua cela, um quarto fortemente barricado nos fundos do quartel crivado de balas onde os invasores tinham se instalado. Era a tarde de um sábado. Algumas horas depois, chegou ao Cel. Catanduva um chamado do prisioneiro.

O Capitão Yacanto pediu-lhe uma mercê. Pediu o direito de passar a sua última noite ao lado da esposa, que morava numa fazendo

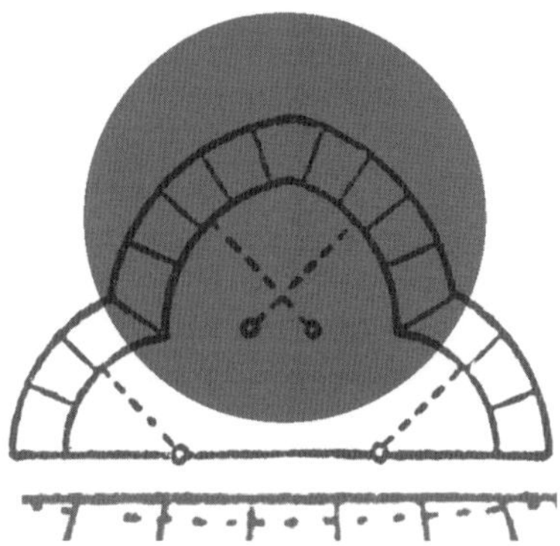

a quilômetros dali, e que não via há um ano. "O sr. conhece a tradição, Coronel", disse ele. "É a última vontade de um condenado. Se ele pedir uma última noite de liberdade, deve deixar um refém substituindo-o, para ser executado em seu lugar, caso ele não retorne." Catanduva perguntou quem seria esse refém, e Yacanto ofereceu seu filho de dez anos, que estava na vila. O acordo foi selado. Às seis daquela tarde, acompanhado por dois praças, Yacanto rumou para a fazenda. No catre da sua cela ficou sentado um garoto pálido, franzino, cujos olhos não tinham medo. Se o Capitão não voltasse até as seis da manhã, o filho morreria pelo pai.

Catanduva acordou antes das quatro horas, e começou a inquietar-se. Temeu uma emboscada; temeu a morte, à traição, de seus dois soldados; temeu ainda ter que tomar a decisão de fuzilar um inocente, baseado numa tradição tão literária quanto tola. Sua angústia durou até os quinze minutos antes das seis quando o dia já clareava. No pátio do quartel, entrou, sozinho, um homem coberto de lodo e sangue; mal reconheceram o Capitão Yacanto. Ele murmurou algo sobre a queda de uma ponte e estendeu as mãos para serem algemadas. Beijou a cabeça do filho, postou-se ante o pelotão e recebeu com bravura as doze descargas. O Coronel Catanduva mandou que lhe dessem sepultura cristã, e foi ele mesmo para a estrada, à frente de um destacamento, para saber o que tinha acontecido. A alguns quilômetros dali, encontraram de fato os destroços de uma ponte velha de madeira, que cedera ao peso de três cavalos. Os cavalos foram encontrados mortos na beira do rio, bem como os corpos dos dois soldados e do Capitão Yacanto, com a barba cheia de plantas. De volta à vila, Catanduva mandou que abrissem a sepultura, em cima da qual tinha sido deixada a espada do Capitão, e não se admirou ao vê-la vazia.

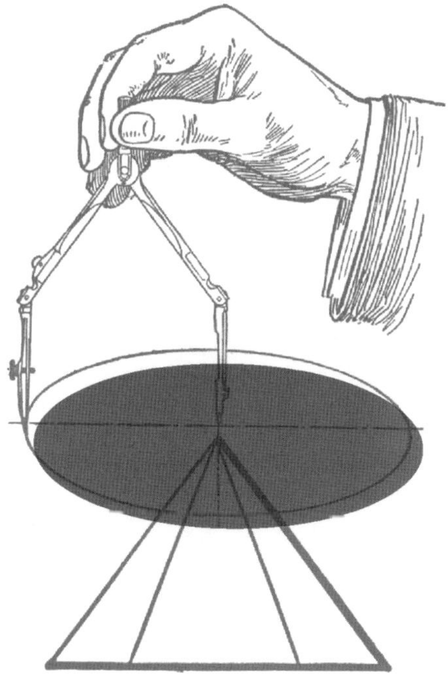

HISTÓRIAS ENCAPSULADAS

Nº BT-HLD 021

O Prof. Geoffrey Cumbersome voltou a encher o cachimbo com mãos trêmulas. Um colega da Universidade de Oxford lhe encomendara um verbete sobre o tema "Histórias Encapsuladas", e ele estava apavorado. O Prof. Cumbersome era um charlatão. Conseguira todos os seus Mestrados e Doutorados por mero pistolão político, mas seu conhecimento de teoria literária era quase nulo. Agora, teria que "colar" mais uma vez. Suando frio com a possibilidade de desmascaramento, cofiou a barba ruiva e estendeu a mão para o volumoso *Tratado de Narratologia*, de Hanselminth, correu o dedo pelo índice remissivo, abriu o livro na página 714 e começou a ler:

"Em 1923, um distraído turista belga, passeando pelos sebos da Rive Gauche, deparou-se com um livro que portava na capa o nome de Frantisek Holsa. O título: *Os Mundos Concêntricos*. O Dr. Lefèvre (pois este era seu nome) franziu o sobrecenho, pois conhecia bem a obra de Holsa, sobre o qual já escrevera alguns ensaios.

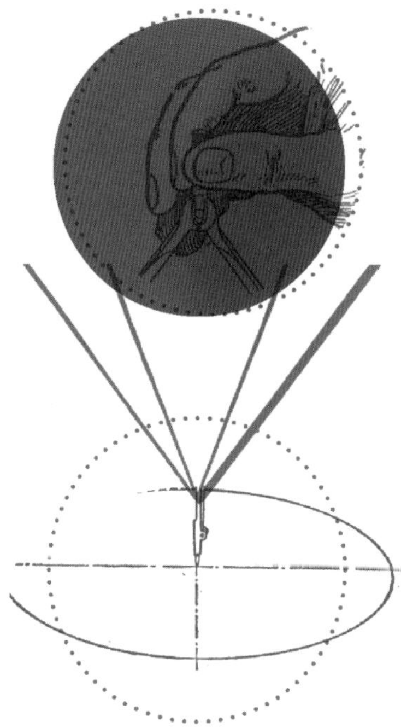

"Aquele título, contudo, jamais fora mencionado em qualquer texto entre as centenas que já lera sobre o excêntrico novelista tcheco. O doutor ergueu o volume com cuidado; era uma edição de 1897, encadernada em couro vermelho com letras douradas. Parecia tratar-se de um livro de meditações filosóficas. Comparando os números das páginas no índice, o Dr. Lefèvre escolheu o da página 45, que parecia o mais curto, pois o conto seguinte começava na 47. Ajustando os óculos, chegou à página desejada e leu:

"Assim como existem, segundo a Ciência, planetas inteiros, em tamanho infinitesimal, com seus continentes e oceanos, boiando numa simples gota dágua, é-nos permitido supor que esta escala decrescente de dimensões jamais poderá ter fim, pois que em cada microgota de cada micromundo outros mundos menores também estarão contidos, e assim por diante, *ad infinitum*. Várias mentes criativas já enunciaram esta verdade; nenhuma com mais originalidade ou mais ênfase que o pensador andaluz Ahmed Al-Qazari, em sua coletânea de parábolas *Visões*, escrita durante os anos que passou em Toledo. Em sua 'visão' mais conhecida, Al-Qazari assim se exprime:

"Glória a Deus, o Inefável, o Indefinível! Sucedeu-me estar em viagem na estrada que leva de Toledo a Córdoba, acompanhando um grupo de peregrinos, quando o guia que precedia nosso grupo avistou, entre os arbustos à beira da estrada, um baú tombado, aparentemente perdido por uma caravana. Recolhemos aquele achado e o levamos conosco até a estalagem onde passamos a noite. Após a ceia discutimos nosso achado e achamos por bem abri-lo, em busca de alguma indicação sobre seu proprietário. Qual não foi nosso espanto quando descobrimos no seu interior, envolto em espessos tecidos protetores, um globo de cristal de estranha luminosidade. Colocamo-lo sobre a mesa e avistamos em seu interior o rosto de um homem com espessa barba ruiva, segurando um cachimbo fumegante e gritando em inglês: 'Help me! Help me!'"

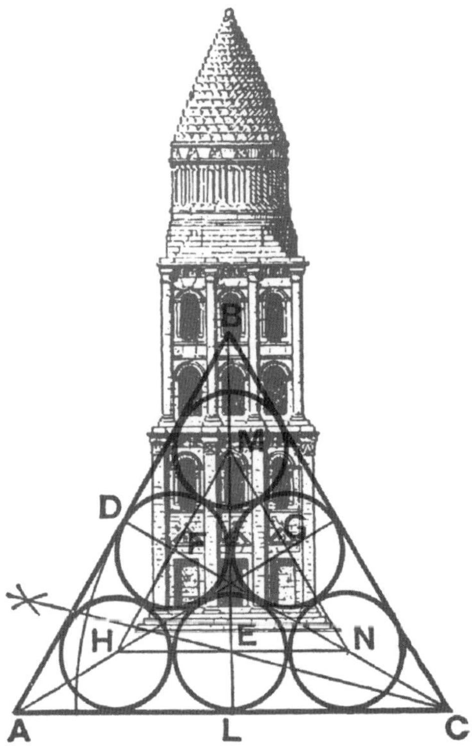
B
M
D
F
K
G
H
E
N
A
L
C

{ Parte II } – Antimatéria

A MULHER DA TORRE

Nº BT-HLD 022

Uma enchente do rio tinha destruído há mais de dez anos uma banda inteira de Bom Jesus do Agreste. Ninguém voltou a construir por lá, e o tempo foi esfarelando as ruínas, deixou somente o resto da igrejinha com a torre ainda de pé. A paróquia fez outra igreja num lugar seguro. Muitos anos depois, numa noite estrelada, Antõe Berto, camioneiro, vinha voltando para casa com a mulher quando os dois pensaram ter percebido uma luz na torre arruinada. Chegaram perto e viram, lá em cima, através de uma parede caída, uma luz amarela e uma mulher envolta numa espécie de mortalha, olhando para eles. Antõe quase enfarta, e a esposa o fez apressar o passo para casa. O filho mais velho saiu à rua de calção, esfregando os olhos, correu até lá, e quando viu a Mulher saiu correndo; com isso, a Mulher sumiu.

Foi vista dias depois por Marco de Zezé, que deu a mesma descrição dela; e depois pelos irmãos Cassimiro; e de pouco a pouco

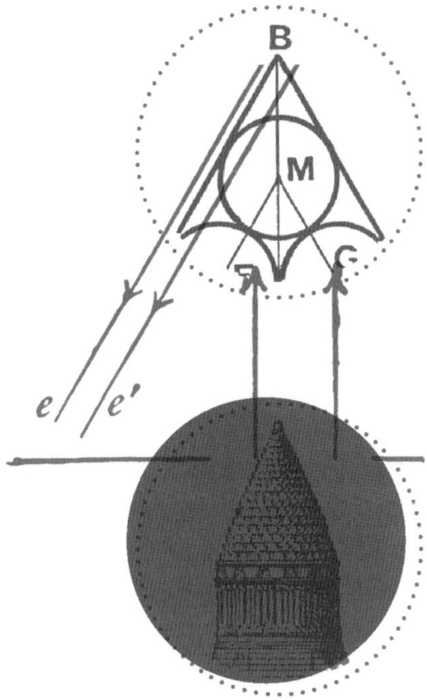

B
M
C
e
e'

foi vista por todo mundo. Era sempre a mesma coisa: uma noite qualquer, alguém via de longe a luz na Torre, chegava perto, e daí a pouco lá estava a Mulher no meio da luz. Durava poucos minutos, aí a Torre voltava a ficar vazia e escura. Examinaram o local várias vezes, com cuidado, porque a escada não merecia fé, e nada encontraram de estranho. O vigário viu, também, e ficou rezando até a Mulher sumir, o que ele atribuiu à reza, é claro. No dia seguinte subiu lá armado dos sacramentos e fez uma persignação, uma ablução, uma limpeza, tudo que o Rito Romano o autorizava a fazer. Uma semana depois a Mulher da Torre apareceu de novo, como se nada tivesse acontecido.

Mas Nena de Seu Raimundo não conseguia ver a Mulher. Cada vez que ela aparecia, bastava o primeiro alerta (Mizinho, o filho de Antõe Berto, combinou com todo mundo um apito como sinal) e todos corriam para ver a Mulher. Nena era uma moça-velha, irmã da Míriam, dona da locadora. Desde as primeiras noites correu para lá e ficava: "Mas minha gente, vocês tarão doidos? Que mulher? Mulher aonde, pelas caridade?" Todo mundo via menos ela. Gente que vinha de fora viu; velho viu, criança viu, até Seu Cincinato, o ateu da vila, teve que confessar que viu também, mas disse que o nome daquilo era alucinação coletiva. Toda vez que o apito tocava, Nena era a primeira que ia. Todo mundo apontava: "A lá! A lá! Lastaela! Levantou o braço!" Seu Raimundo resmungou que Nena precisava de médico. A mãe começou a ralhar, dizendo "se é pra fazer a gente passar vergonha, melhor ficar em casa". Nena não entendia aquilo, passou a chegar por último quando tinha a aparição. Ficava lá atrás do povo, olhando: e a única coisa que via era aquela torre escura, abandonada, e o povo apontando o dedo e rezando. Foi murchando, a pobre da Nena. Parecia um castigo, um olho ruim, uma abantêsma pousada na vida da pobre. Definhou e morreu antes do fim do ano. E de quem foi a culpa? É claro que foi da Mulher da Torre.

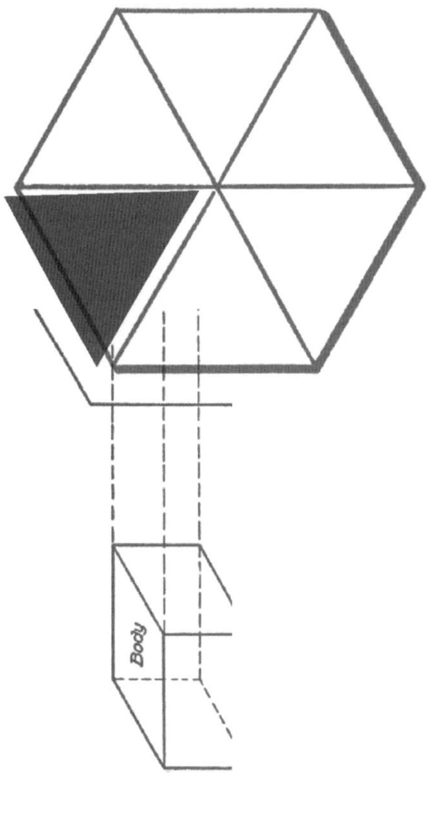
Body

{ Parte II } – Antimatéria

PERDIDOS NA BIENAL

O estudo da Patologia Topológica vem enfrentando preconceitos dentro da comunidade científica internacional. Como toda ciência nova, ela lida mais com perguntas e incertezas do que com verdades chanceladas pelo uso e pela experimentação controlada. Daí ser considerada por uns uma pseudociência e por outros um delírio paranoico. A Física contemporânea, por exemplo, estuda o que a literatura popular chama de fendas no espaço-tempo, fissuras no tecido no Universo. Sua existência em escala micro já foi comprovada – são os famosos "buracos de minhoca" nos quais uma partícula física entra, e sai, quase instantaneamente, noutro local, a milhares de quilômetros ou milhões de anos-luz. O que a Patologia Topológica estuda é a existência desse fenômeno na escala humana. Muitos desaparecimentos famosos, acidentes, fatos extraordinários podem ser explicados pela ocorrência de fendas desse tipo. Passagens, portais, configurações tão extraordinárias que dentro do seu âmbito as leis que governam a matéria se comportam de forma diferente.

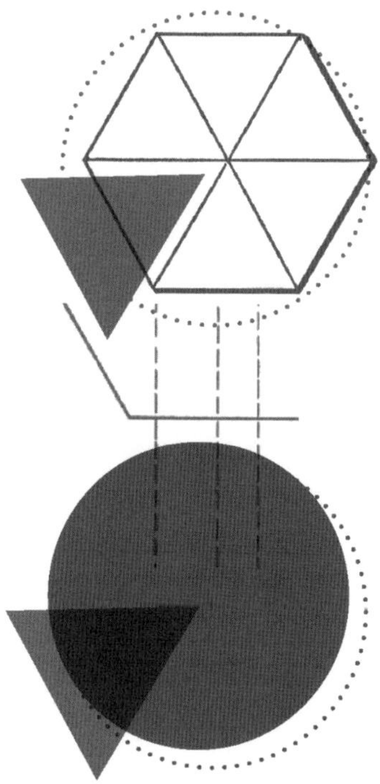

Estuda-se, por exemplo, o caso da instalação pós-modernista "Klax", do artista indiano Raman Sendjabi. Influenciado (segundo ele próprio) pelos parangolés do brasileiro Hélio Oiticica, Sendjabi criou um labirinto de placas de amianto e isopor, no qual os participantes eram convidados a entrar e experimentar, segundo ele, "sensações temporárias de perda da referencialidade espaço-temporal". A obra foi exposta na Bienal da Lausanne em 2002 e causou escândalo pelo desaparecimento de seis pessoas, inclusive duas crianças, que entraram ali e não saíram; depois de horas de espera, e sob protestos do artista, a obra foi desmontada diante da polícia e dos curadores da exposição, mas sem sinal das pessoas. No ano seguinte, 2003, Sendjab (processado pelas famílias dos desaparecidos) conseguiu uma liminar para remontar sua instalação na Bienal de Cracóvia. Qual não foi a surpresa de todos quando, no dia de abertura, emergiram da obra quatro dos desaparecidos, todos levemente desnutridos e anêmicos, mas em boas condições físicas. Foram incapazes de explicar e mesmo de entender o que se passara; com amnésia parcial, não faziam ideia de que tinham estado desaparecidos por cerca de um ano. Novo escândalo forçou a desmontagem da obra e novo processo movido contra Sendjabi.

Em 2004, sob forte cobertura da imprensa, "Klax" foi remontada na Bienal de Osaka, e embora ninguém se atrevesse a penetrar em seu labirinto, logo emergiu dali a secretária suíça Michelle Lamproix, igualmente amnésica e desnorteada. Para ela, pouco mais de meia hora tinha transcorrido desde sua entrada no labirinto, dois anos antes. A última pessoa desaparecida era um taxista de Lausanne, de 22 anos, Jean-Marc Desmolieu. Na Bienal da São Paulo de 2010, quando "Klax" foi reexposta, ele não apareceu, mas jogou para fora do labirinto o manuscrito de um texto sobre arte pós-moderna, que está sendo decifrado pelos especialistas.

A
p
p'
B

A SEITA DAS CARRASCAS

Nº BT-HLD 024

Suponhamos que num reino medieval foi instituída uma pena de morte diferente. Ali, os executores públicos tinham sido uma casta abominada, sinônimo de crueldade e opróbrio. O fato de serem recrutados entre ex-guerreiros e ex-mercenários lhes tisnava a reputação. A Rainha teve a ideia de convocar, entre as sacerdotisas da corte, um contingente de noviças para assumir essas funções. Deu-lhes treinamento de artes marciais e de esgrima, além de cursos em jurisprudência e ética. O intuito da soberana era que a pena de morte deixasse de ser uma execução brutal e se transformasse num processo educativo, em que o condenado tivesse uma última chance de elevação espiritual.

Proferida a sentença, era o condenado transferido para uma cela onde, sob forte vigilância, deveria ficar preso durante os últimos meses antes da execução. A Irmandade escolhia então a Executora a quem caberia guiá-lo durante seu percurso final. Seu primeiro papel seria o de Confessora, quando, em visitas diárias, ajudaria

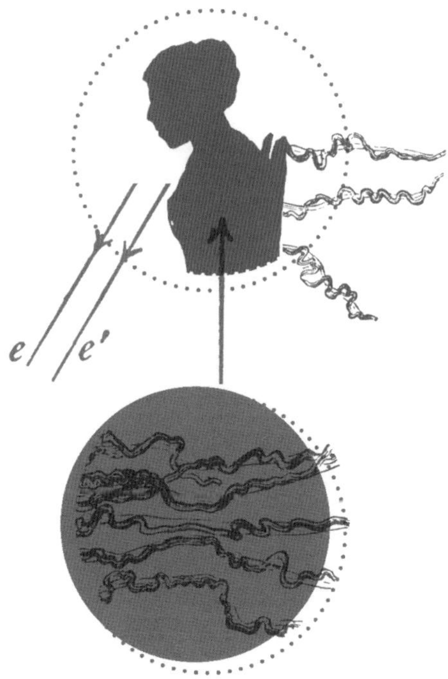
e
e'

o preso a narrar sua história e a se libertar do seu fardo de culpas. Em seguida, assumiria a função de Educadora, explicando-lhe a letra e espírito das leis, a natureza dos seus crimes, a necessidade de expiá-los. Em seguida, quando o condenado fosse julgado apto, ela seria sua Orientadora, sugerindo-lhe normas de conduta moral a serem adotadas em sua próxima reencarnação. E no dia aprazado ela seria enfim a Executora. Diante da congregação reunida, aos primeiros raios do sol no amanhecer, ele subiria ao patíbulo, pousaria a cabeça sobre o cepo e ela, trajando as vestes rituais, ergueria com as duas mãos a pesada lâmina e libertaria sua alma.

A plebe, que mal compreendia as nuances de funções tão diferenciadas, as chamava de Carrascas, e afastava-se à sua passagem quando elas, sempre em dupla, cruzavam a praça ou percorriam o mercado, trajando véus de musselina por sobre a cota de malha que lhes protegia o torso, e conduzindo espadas leves e mortais à cinta. Eram muitas as histórias que se contavam sobre o que ocorria por trás dos muros da prisão. Histórias de como, além de instrutoras espirituais, elas também serviam aos condenados como objetos de prazer, para o castigo adicional de lembrar-lhes os deleites que estavam a ponto de perder para sempre. Histórias de como criminosos empedernidos eram manietados à cadeira durante as visitas, sendo obrigados a ouvi-las e vê-las durante intermináveis sessões. Histórias de paixões violentas surgidas entre uma Executora e um Condenado, e que, descobertas a tempo, resultaram na execução simultânea de ambos. Histórias de como homens transgrediam propositalmente as leis para terem direito a uma Carrasca. Histórias de como esposas entravam para a Ordem e maridos tornavam-se criminosos, a fim de se reencontrarem num outro patamar de direitos e deveres, no qual o fio da espada lhes vedava o direito à mentira, à pusilanimidade, à tergiversação.

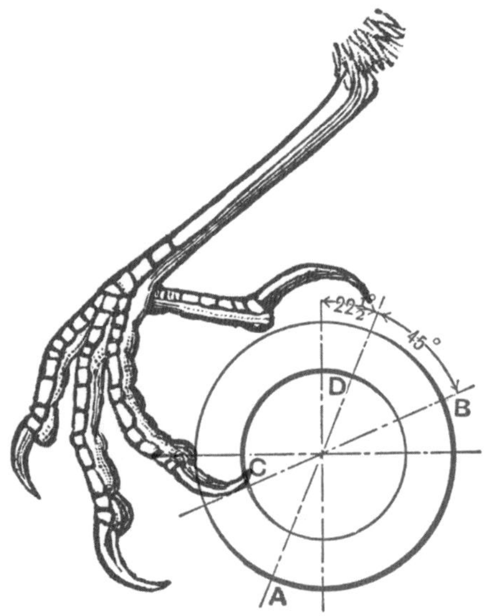

22½°
45°
D
B
C
A

IN THE LAND OF THE DREAMS

Nº BT-HLD 025

Na estação do metrô, vou andando pelo corredor, seguindo o fluxo da multidão apressada. Numa parede estão encostados três homens idênticos, com óculos escuros idênticos, segurando a coleira de três cachorros idênticos. Um deles fuma um cigarro, o outro fala ao celular, o outro acena para alguém. Paro na frente deste último, que agora está segurando um jornal aberto; mas ele não olha para o jornal, e sim para o teto. Fico com medo de olhar o teto e me apresso a sair do metrô. Lá fora não vejo estação nenhuma. A escada me faz emergir num terreno baldio, e as pessoas que estavam saindo do metrô desapareceram. O terreno tem ruínas de muros, barris, tonéis enferrujados. De um lado e do outro, velhos conjuntos habitacionais de paredes manchadas pela chuva. Flores com meio metro de diâmetro, redondas, amarelas, cujas hastes brotam direto do chão.

Caminho pelo terreno, olhando em volta. A uns cem metros de distância ergue-se uma torre, tipo torre de observação, feita de tijolos

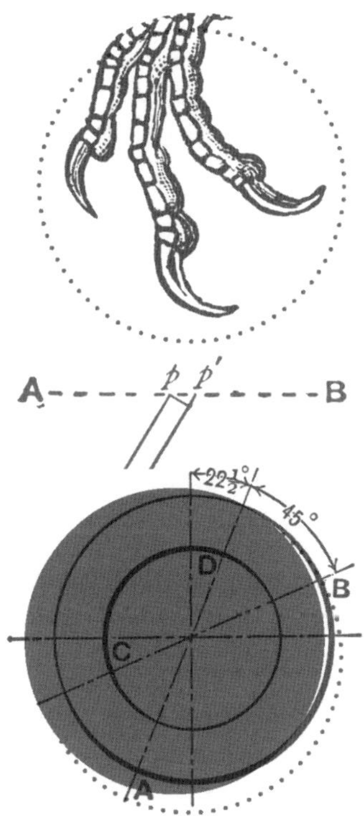

A
p
p'
B
22½°
45°
D
B
C
A

quadrados. O sol é muito quente, não há uma só pessoa à vista, mas ouço ao longe ruído de trânsito, barulho de pássaros. Vou andando por entre as flores e vejo uma corda saindo de um buraco estreito no chão. Sinto uma vontade de puxá-la para fora. Pego-a com firmeza e começo a puxar; a princípio ela sai com facilidade, mas depois começo a encontrar resistência, como se ela estivesse presa a algo lá no fundo. Puxo com mais força e sinto que aquilo vai cedendo aos pouco, embora o esforço seja cada vez maior. Já puxei para fora uns dois ou três metros de corda, o suor escorre pelo meu rosto. Vou vencendo aquela resistência e de súbito ergo os olhos e vejo a tal torre, à distância, e percebo que ela está se encarquilhando, se amassando como se fosse de papel, encolhendo; e cada puxão que eu dou na corda a faz amassar-se ainda mais, e percebo que a outra ponta da corda está de alguma maneira presa à torre, e sou eu que a estou amassando e puxando para baixo. Nesse instante eu solto a corda, e a torre volta rapidamente a se endireitar, os metros de corda que puxei somem de novo no interior do buraco, e a torre está novamente intacta, e parecendo feita de tijolo.

Logo estou num lugar diferente, uma loja de animais empalhados que, não obstante, se mexem. Estou tentando comprar um pássaro preto que parece um falcão, mas esqueci ou perdi minha carteira. O dono diz que não me vende mais nada fiado, chega, já basta. Saio chateado. Entro no café da esquina. Os vizinhos de sempre, bebericando um capuccino, escrevendo concentradamente em seus laptops, conversando em voz baixa. Sento na única mesa vazia, peço um suco de laranja. Na mesa ao lado uma moça alta, jeito de modelo, cabelos sedosos e cor de mel. Olhos bem azuis, vestido decotado. Tem um livro na mão. Olho: é uma edição antiga de Heidegger, com a foto dele na capa. A moça percebe meu olhar, sorri para mim. Não tem um só dente na boca.

{ Parte II } – Antimatéria

CENTO E DEZ NAVALHAS

A primeira brotou na sua mão quanto ele acabou de borrifar a espuma no queixo e nas bochechas. Pensava ter pegado no armariozinho do banheiro o prestobarba de sempre, mas quando foi dar a primeira raspada viu no espelho o relampejar da lâmina, e viu o cabo de osso escuro abrindo-se em ângulo, como os ponteiros de um relógio marcando oito e vinte. Olhou assustado, examinou-a, colocou-a sobre a pia. Deu alguns passos até o corredor para perguntar à esposa o que era aquilo, depois deu de ombros, seria algum presente, ou ela havia comprado para si própria... A segunda surpresa veio quando não a achou. Usou o prestobarba e esqueceu.

A segunda navalha estava dias depois sobre a mesinha do porteiro, quando chegou em casa; mas o porteiro não estava ali para responder perguntas. Passou-se. Dias depois viu a terceira ao folhear uma revista, no escritório; e a quarta horas depois, num anúncio da TV; e a quinta, quase em seguida, na vitrine de uma loja de quinquilharias, quando voltava do almoço.

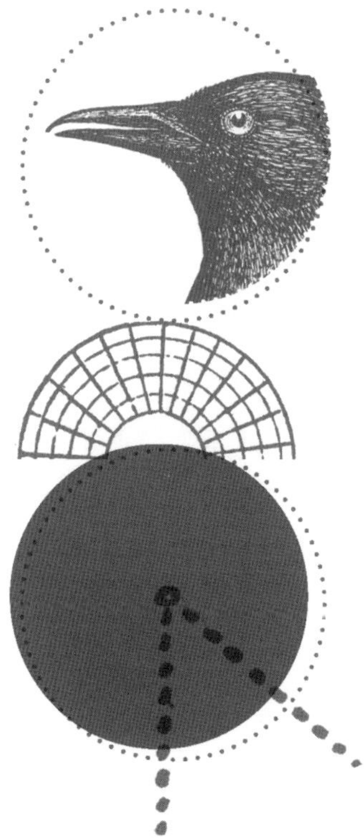

Vieram se sucedendo, ou talvez fosse sempre a mesma, mesma lâmina, mesmo cabo de osso, todas clones umas das outras. Uma brotou no bolso de seu paletó e ele a deixou lá, guardada, tocando com a ponta dos dedos para sentir seu peso, até que numa dessas vezes não mais sentiu, e ela não estava lá. Acostumou-se a contá-las, preparando um pequeno discurso sobre coincidências: "Olha, se fossem duas ou três vezes, tudo bem, mas não pode ser coincidência você ver a mesma coisa, de maneira inexplicável, oito vezes em uma semana..." Só que logo eram nove, dez, onze.

Com a atenção exacerbada pelo mistério, ele as reencontrava por toda parte. Logo já procurava por elas. Encontrou uma numa canção de Chico Buarque sobre um malandro; outra, num livro de Plínio Marcos visto na prateleira de uma livraria; outra num fotograma de Buñuel. Com o passar dos meses, as aparições se amontoaram às dezenas, foram se tornando cada vez mais indiretas, sob a forma de palavras casuais numa conversa, sílabas conjugadas, detalhes quase imperceptíveis no quadro ou numa foto, ou até mesmo em formas abstratas (a silhueta de um pássaro preto de encontro ao céu nublado, um leque entreaberto na mão da personagem de um filme) que a traziam de volta, mimetizada, solerte, sutil.

Vê-las era sempre inesperado, por mais que ele soubesse ser inevitável. A surpresa passou a residir no modo indireta e alusivo como surgia. Não mais como o pesado e luzidio objeto brotando com peso e presença num lugar impossível, mas como uma forma esquiva que se desdobrava num relance ("Lembra de mim?..."), deixava-se entrever num vislumbre somente para os seus olhos, e um segundo depois, na continuidade do movimento, sumia para sempre. Foi com alívio e saudade que a de número cento e dez lhe surgiu de novo diante do espelho, sólida e oferecida, e ele aceitou-lhe o recado, e se sentiu como Moisés desacorrentando o Mar Vermelho.

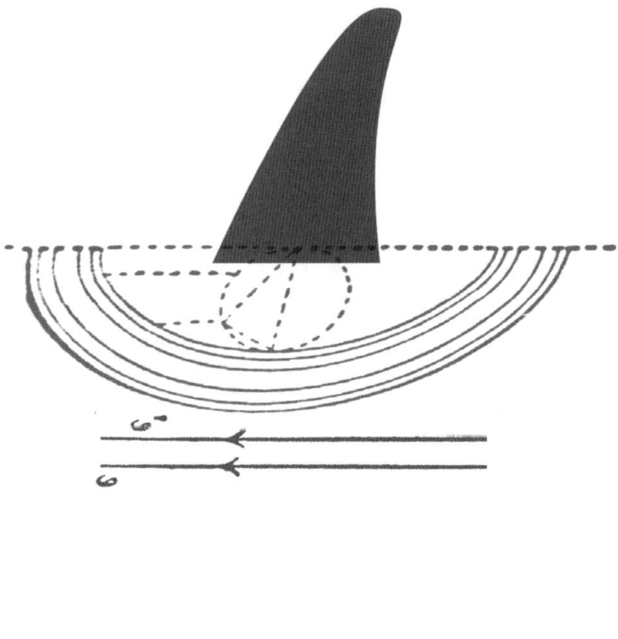

ESCALANDO O EMPIRE STATE

Decido jogar-me lá do alto, e escalo a parede, usando luvas e botas com ventosas. Os primeiros andares são os mais difíceis. Tentam alcançar-me com escadas Magirus. Sou forçado a fazer prodígios de esquiva, escapo por pouco e vou subindo. A curiosidade é maior que o desespero e não fecho os olhos.

Vejo escritórios onde os rostos das secretárias estão iluminados pelo reflexo azulado dos monitores Samsung. Vejo uma sala de reunião, a imensa mesa de mogno luzidio a cuja cabeceira um homem de cabelos brancos, sozinho, olha para o relógio e para a mesa com dezoito blocos de anotações em branco, dezoito canetas esferográficas, dezoito copos d'água. Vejo paredes cobertas por enormes arquivos de metal onde os mesmos processos administrativos estão xerocados e arquivados, aqui por ordem alfabética, ali, por ordem geográfica, acolá por ordem cronológica. Vejo uma sala em que um telefone toca sem parar, e vejo um homem sentado diante dele, segurando o receptor e sem coragem de atender.

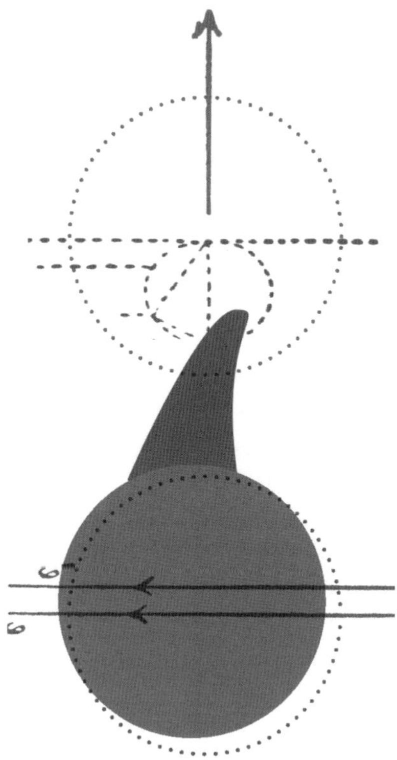

Vejo mais acima um aposento que serve de depósito de casacos de pele, são mais de trezentos casacos de pele, dos modelos mais variados, e pertencem todos a um casal famoso. Vejo um homem segurando, uma em cada mão, uma taça de vinho e uma taça de água, sem conseguir distinguir uma da outra. Vejo um andar inteiro com piso de madeira; pessoas penduram-se em ganchos pendentes do teto, enquanto que o semicírculo superior de uma serra elétrica percorre o chão, como a barbatana de um tubarão. Vejo uma mulher loura, nua, deitada, com rodelas de pepinos sobre os olhos fechados, sendo depilada por um halterofilista de olhos vendados com fita crepe. Vejo um tribunal onde tudo que deveria ser de mogno – os lambris das paredes, as bancadas dos juízes, as cadeiras de espaldar alto do júri e das testemunhas, as mesas, os longos bancos destinados ao público – é de chocolate, e amolece ao calor da presença humana.

Mal posso acreditar quando passo ao lado de outra janela e vejo um salão ocupado por uma água suja, espessa, oleosa, onde flutuam tábuas apodrecidas, sacos plásticos, latas vazias, fraldas descartáveis e cartões-postais amarelados mostrando grandes monumentos de vários continentes. No andar acima deste vejo um homem acorrentado ao cano de uma torneira, com a boca aberta embaixo dela, e consigo ver a queda de uma gota no instante em que passo. Ao longo de uns seis andares sucessivos, todos com o piso/teto violentamente rompido, ergue-se uma tubulação de plástico transparente e espesso, por onde avista-se um líquido gorgolejante, no qual nadam homúnculos de crânio liso, cobertos por veias salientes, e com seis dedos em cada mão.

Minhas mãos incansáveis grudam-se à parede, e continuo a escalar, a escalar. Chego ao topo e a metrópole eriçada de agulhas de cimento abre-se aos meus pés. Jogar-me lá do alto? Agora? Agora que entendi tudo, que finalmente matei a charada? Jamais.

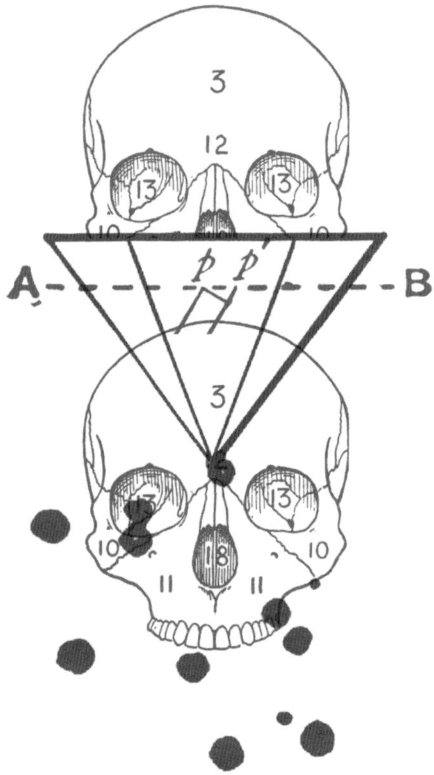
3
12
13
13
10
10
p p'
A
B
3
13
13
10
18
10
11
11

{ Parte II } – Antimatéria

A ERA DO MONJOLO

Nº BT-HLD 028

Nasci no Condado de Gurtz, no ano 2557 da Era do Monjolo. Minha infância foi uma fuga constante em lombo de burro, no temporal ou na poeira, comendo frutas verdes ou carne estragada, meu pai matando um salteador por dia, minha mãe perseguindo coelhos e acendendo fogueiras. Às vezes demorávamos numa choupana o tempo suficiente para que eu me acostumasse ao desenho das palhas no teto, ao som do vento, ao meu cantinho de dormir, o mesmo canto todas as noites, e pensei uma vez que gostava daquele canto como se ele fosse uma pessoa. Nunca demorava muito, porque chegavam os cavaleiros do Khan, archotes em punho, devastando aquela aldeia, incendiando as florestas e cravando cabeças nas estacas. O Khan demonizou nossas vidas até quando, na época da minha primeira barba, conheci jovens rudes e queimados do sol que me levaram para uma reunião numa gruta. Fiquei sabendo que ali se reuniam os inimigos do Khan, que preparavam a sua derrubada. Perguntaram-me se gostaria de me unir a eles. Minha resposta foi puxar a faca que trazia à cinta, cravá-la no chão e ajoelhar-me.

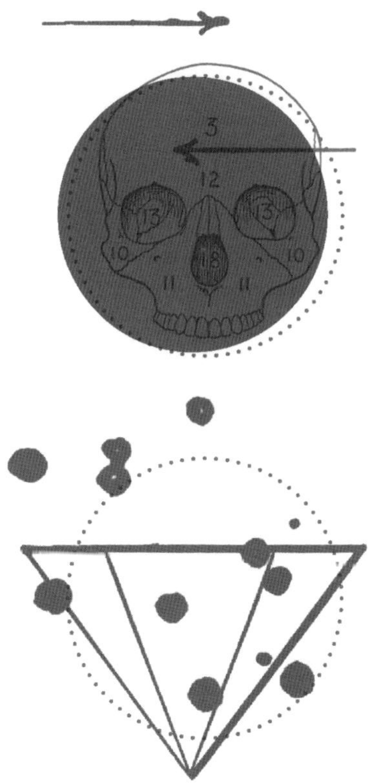
3
12
13
13
10
10
18
11
11

Deram-me um fuzil, um nome novo e treinamento. Assinei contratos com sangue, bebi pólvora misturada ao álcool, permiti que me fotografassem degolando um desconhecido, ou beijando a mão de um desconhecido, ou na Praça, erguendo um cartaz em língua desconhecida. Unimo-nos em volta dos exércitos comandados pelo Raij, a nêmese do Khan, o homem que jurara cortar sua cabeça pessoalmente e acabar com o terror na península. Possuídos por uma fúria sagrada, chocamo-nos contra os exércitos do Khan em sucessivos combates, até fazê-los refluir para dentro das muralhas da capital. Na véspera do assalto derradeiro, pude entrever o Raij a distância; ele passou em seu cavalo branco, exortando as tropas. No dia seguinte, desfilamos durante horas diante da estaca, à frente do palácio, em que a cabeça do Khan nos esperava, e a música das nossas trompas de caça emergiu das janelas do palácio, onde se debruçavam mulheres como nunca mais vi.

É duro implantar o Bem numa terra que o Mal devastou durante gerações. A violência que o Khan propagara morava agora na memória dos aldeões, contaminava sua vida. Assaltos e emboscadas contra as tropas do Raij se multiplicavam. Descobrimos (a esta altura eu era centurião) que a morte do Khan não mudara muito o mundo, e que o Mal era como um monstro que sobrevive mesmo depois de decapitado. À frente das minhas tropas, comandei incursões de Norte a Sul, enquanto meus cabelos embranqueciam e os incêndios empobreciam as florestas. Vi erguerem-se contra nós as tropas andrajosas e mal-armadas dos seguidores do Valoong, o guerreiro envolto em peles de urso que jurou queimar vivo o Raij e seus seguidores. Hoje, à véspera de mais uma batalha, escrevo estas linhas à luz dos archotes, os mesmos que empunharemos amanhã no momento de massacrar outra geração de insurgentes, devastar suas florestas e cravar suas cabeças nas estacas.

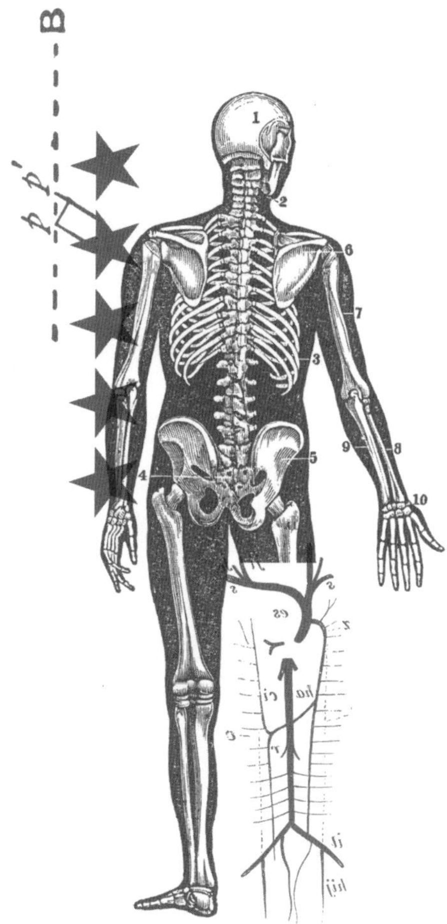
B
p p'
1
2
3
4
5
6
7
8
9
10

"CYBORGES – THE GAME"

Nº BT-HLD 029

Recebi há cinco dias a versão beta de *CyBorges - The Game*, o grande lançamento da Orbis Tertius para este ano de 2033. Evidentemente não vivenciei o game por inteiro; o que registro aqui são primeiras impressões. A imagem de Jorge Luís Borges mudou muito nas décadas mais recentes. Tido como intelectual, erudito, livresco, ininteligível, o escritor foi redescoberto pelas novas gerações como um gerador de infinitos universos interativos, um metalinguista por excelência, um apostador compulsivo na capacidade recriativa do leitor. Ou seja: um designer de games, nascido antes do tempo. Um visionário que precedeu a tecnologia adequada aos seus talentos. Mas vamos ao jogo.

O game contempla as diversas facetas de Borges. Borges o descendente de generais (a reconstituição da batalha de Junín tomou-me duas madrugadas inteiras; venci). Borges o sedutor (e que grande golpe criativo escolher o visual de suas musas a partir de atrizes de sucesso: Beatriz Viterbo com o visual andaluz de Placeres

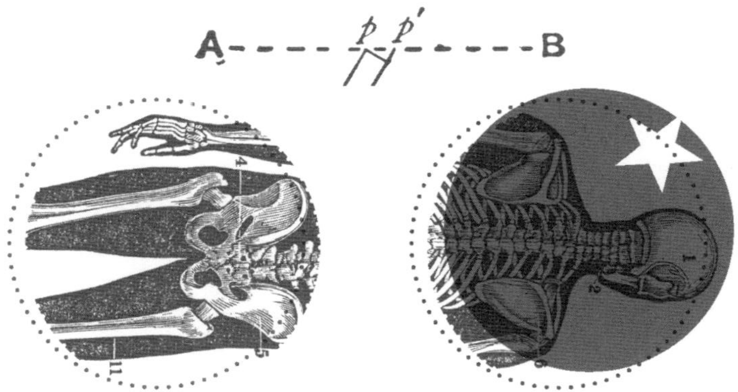
A
p p'
B
4
5
11
1
2
6

Montoya; Teodelina Villar com o perfil clássico da francesa Lou d'Hergemont; e Ulrica, surpreendentemente, com as feições da bergmaniana Bibi Andersson). Borges o lutador de faca (sugiro ao jogador que escolha a seção do jogo intitulada "Esquina Rosada" quando tiver muito tempo disponível e garantia de não ser interrompido). Borges o sabotador do espaço-tempo: fui informado de que seções como "O Imortal" ou "Averróis Quest" criam loops escherianos dos quais é impossível emergir.

A imprensa comentou a ausência do "Aleph", mas todos sabem que os direitos deste conto foram adquiridos pela Dangerous Multivisions Inc., que continua a anunciar o game para o ano que vem. Paciência; há material literário mais que suficiente no setor "The Forking Paths", em que nos é dado acesso a um total de 22 contos de Borges reconstituídos em computação gráfica e lidos em voz alta pela voz (digitalizada) de Borges – e os que temerem alguma redundância entre texto e imagem preparem-se para variados tipos de surpresa.

Alguns críticos se queixaram da falta de uma "narrativa principal" para o game. Ora, tal narrativa é justamente a passagem gradual de um homem do mundo real (simbolizado pela época em que Borges não era cego) para o mundo virtual. (Esses críticos certamente não visitaram a seção "Ruínas Circulares", concebida numa releitura cyberpunk). A fase realista nos dá caminhadas intermináveis (acompanhadas pela voz digitalizada de Estela Canto ou de Maria Ester Vázquez) pelas ruas noturnas de uma Buenos Aires mítica; a fase virtual nos propele a labirintos (o de "Abenjacan El-Bokhari" supera em horror o próprio *Alone in the Dark*). Nada, contudo, iguala a seção "Funes", onde, após horas de clamores e batalhas, de milongas e de hexágonos, o player se queda diante do próprio rosto em webcam e um som que lhe sugere estar no fundo de um rio, embalado e anulado pela correnteza. Cotação: cinco estrelas.

"GRANDE SERTÃO: THE GAME"

Nº BT-HLD 030

Recebi há cinco dias a versão beta de *Grande Sertão: The Game*, o novo lançamento da Tutamídia para este ano de 2034. É um videogame clássico, no sentido de ser um universo imersivo, riquíssimo em ambientes e em personagens, no qual o jogador pode viver diferentes aventuras e experimentar uma grande variedade de situações. O game segue escrupulosamente a geografia do livro de Guimarães Rosa. Todos os combates e perseguições dos soldados contra os jagunços, p. ex., se dão, também, do lado direito do Rio São Francisco. Há uma cronologia fixa entre os combates, que só podem ser travados na mesma ordem em que acontecem no livro, até o combate final, no Paredão. (Há também um inesperado combate "bônus" para os que zeram o jogo, mas não quero estragar essa surpresa.)

Geografia, aliás, é um dos fortes do game, que, numa decisão polêmica, tem sido pré-adotado em escolas públicas. Rios, veredas,

morros, povoados, tudo que é citado no livro é reconstituído com precisão antropológica e pode ser comparado com a atualização em tempo real pelo GoogleEarth. O mesmo cuidado vai para a parte ficcional: cada jagunço citado nominalmente no livro tem direito a avatar, biografia, subtexto e potencial interativo. (Testes preliminares mostram que apenas 63,7% dos usuários escolhem Riobaldo como avatar.) Uma decisão polêmica dos designers foi permitir a opção de considerar Diadorim homem ou mulher desde o início, mas, conforme eles declararam, "o leitor que quiser ser fiel ao livro tem essa opção".

A sequência do pacto com o Diabo nas "Veredas Mortas" é um "tour de force" de gótico sertanejo. O complexo jogo sociológico envolvido no julgamento de Zé Bebelo pelos jagunços talvez só seja bem saboreado pelo leitor mais culto, mas o adepto dos jogos de ação propriamente ditos já tem a seu dispor um variado cardápio de combates de faca, de revólver ou de rifle. Outro ponto de destaque é a travessia do Liso do Sussuarão, em que as complicadas técnicas de sobrevivência no deserto evocam desde *Duna* até *Lawrence da Arábia*. Pequenas histórias encapsuladas no romance recebem um tratamento que as transforma em verdadeiros filmes de curta-metragem embutidos na narrativa principal, como é o caso da história de Maria Mutema e a do pacto entre Davidão e Faustino.

Os usuários mais idosos encontrarão ecos do exército dos "orcs" de Tolkien na concepção visual do bando dos Hermógenes, e os de cultura musical se impressionarão com a quantidade (e autenticidade) das toadas cantadas pelos jagunços. (Em algumas cenas é possível sugerir temas e motes para serem improvisados pelos jagunços-violeiros: Delfim, Siruiz). Em suma: um jogo de imersão para quem quiser mergulhar na História e Geografia mineira, e um jogo de guerra e cavalgadas equivalente a qualquer Peckinpah ou Kurosawa disponível no mercado. Extremo bom gosto visual, trilha sonora perfeita baseada no folclore mineiro, muita ação e aventura. Cotação: cinco estrelas.

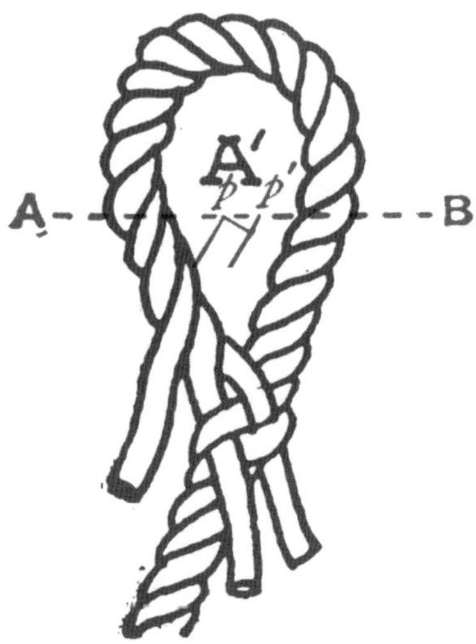

A'
p
p'
A
B

E NÃO FICOU NENHUM

Nº BT-HLD 031

Éramos turistas de vários países, numa excursão pela Europa. Chegamos pela manhã, de trem, numa capital qualquer, todos cansados da viagem. Uns esperavam a bagagem, outros já estavam nos guichês de câmbio adquirindo moeda local, outros consultavam mapas. Era uma estação enorme, uma estrutura de ferro com aparência século XIX. Eu comentava com o Guia que algumas estações europeias eram tão bem providas de serviços, comércio etc. que bem poderíamos conhecer apenas elas, sem o trabalho de circular pelas cidades propriamente ditas.

De súbito, alguém do grupo soltou um grito e caiu no chão. Correram várias pessoas a acudi-lo, formou-se o tumulto. Guardas se aproximaram, depois veio um médico, afobado, puxando um estetoscópio de dentro do casaco. Logo fomos avisados de que nosso companheiro estava morto, um ataque fulminante. Isso nos causou inquietação e transtorno. Somente à tarde conseguimos fazer check-in no hotel. Naquela noite, ao sairmos do restaurante,

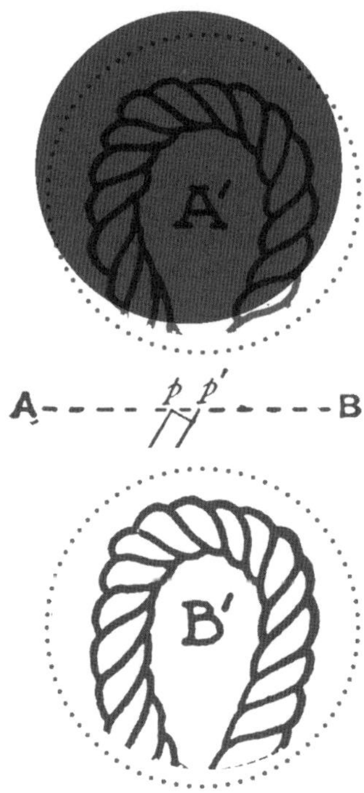

A'
A
p
p'
B
B'

outra pessoa tombou no chão. A morte foi constatada sem demora, e uma perturbação crescente se apossou do grupo. Dormi mal, e creio que todos também.

No dia seguinte tentamos cumprir o roteiro pré-estabelecido de passeios, mas ao cruzarmos um parque uma senhora tombou nos braços do marido. Desta vez os policiais encontraram algo: um pequeno dardo, do tamanho de meio alfinete, cravado em suas costas. "Veneno", disse um deles.

À noite nos reunimos no hotel para tentar entender o que acontecia. O Guia, um homem baixinho e metódico, estava acompanhando as investigações, e admitiu que as três mortes tinham sido assassinatos, cometidos pelo mesmo método. Um membro do nosso grupo estava eliminando os demais, cravando-lhes aqueles dardos, ou arremessando-os a distância. Houve uma discussão acalorada em várias línguas. Afinal, não nos conhecíamos, nada tínhamos a lucrar com a morte daqueles companheiros casuais... À saída, parei no umbral da porta, e nesse instante senti algo passar voando perto do meu rosto. Virando-me, vi o Guia empunhando uma piteira diante da boca. Meus olhos cruzaram com os seus, e ele inseriu com calma um cigarro na piteira e começou a fumá-lo. Claro que, ao me virar, percebi o pequeno dardo cravado na madeira da porta.

Convoquei ao meu quarto dois companheiros com quem me entendia melhor, para tomar alguma decisão. Quando conversávamos, um alarido brotou no corredor. Corremos para lá. Os outros membros do grupo, inclusive o Guia, estavam dominando uma mulher loura, alta, que era uma das que mais reclamavam. Eles a tinham flagrado soprando um dardo contra outra passageira, já morta no chão. Uma corda foi pendurada do teto; um laço foi armado às pressas. Quando ajudei a colocar seu pescoço no laço, ela conseguiu desvencilhar um braço e cravou no meu pescoço um dos seus dardos envenenados. Sabendo que meu destino estava selado, enfiei a mão no bolso e cravei-lhe no rosto um dos meus. Depois não vi mais nada.

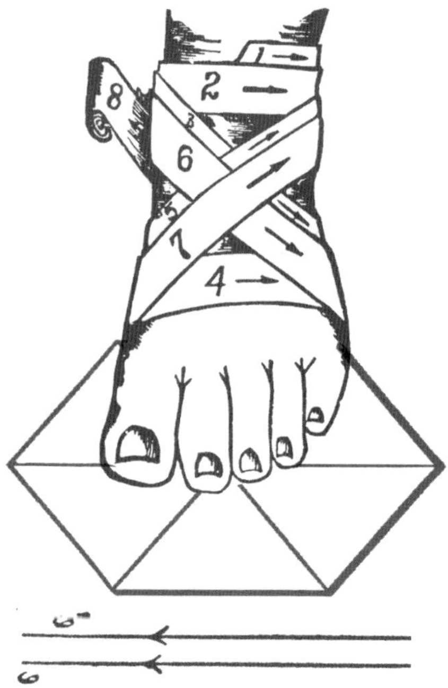

1
2
3
4
5
6
7
8
6"
6

O BÁLSAMO DA AMNÉSIA

Nº BT-HLD 032

Antonio desceu do ônibus perto do Colégio das Damas e atravessou a Praça da Bandeira, rumo ao Calçadão, para tomar um cafezinho antes de subir para o escritório. Uns motoboys discutiam aos berros. Ele parou (gostava de olhar briga a distância) e nesse instante o espaço-tempo se fendeu e ele foi arrebatado por uma criatura lagartiforme, que prendeu entre os dentes a gola de seu casaco e começou a subir correndo uma escadaria de degraus larguíssimos, toda feita de mármore com incrustações de frutas cristalizadas. Enquanto o fazia, a criatura lhe explicava, com a outra boca, o princípio básico do Existencialismo sartreano: "A existência precede a essência," dizia ela, "ninguém é nada *a priori*, as pessoas e coisas surgem fisicamente, primeiro, e só depois tornam-se o que são." Depositou-o aos pés de uma estátua em forma de adjetivo, fez com que beijasse seus doze pés, e disse: "Esquecerás tudo."

Antonio atravessou a rua, entrou no Café São Braz e pediu um cafezinho. Enquanto mexia o açúcar deu de cara com Zé Alberto,

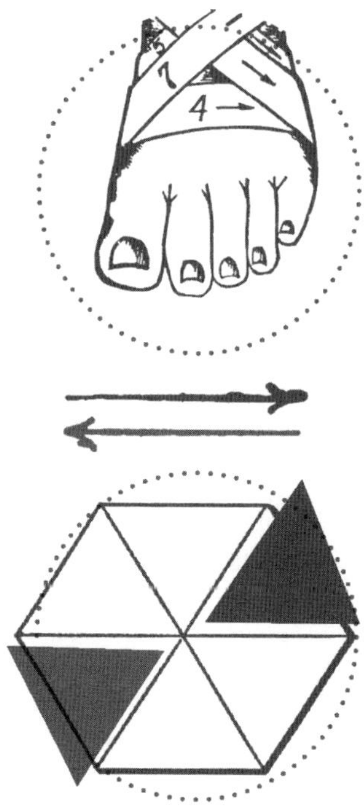

que o convidou para participar de um bolão da Mega Sena. “Já joguei muito dinheiro fora”, disse Antonio. “Se eu pudesse recuperar todo o dinheiro que já investi nessa besteira eu fazia minha independência econômica.” Conversaram futebol e estavam se despedindo à porta quando sob os pés de Zé Alberto surgiu uma abertura hexagonal e ele deslizou por um canal escorregadio, a uma velocidade espantosa, até ser despejado num enorme caldeirão onde dezenas de animais se debatiam aos gritos. O líquido do caldeirão começava a borbulhar. Zé Alberto brigou, nadou, esmurrou, conseguiu aproximar-se da borda e saltar, mas passava por ali um gancho de guindaste que o elevou até o Posto de Controle. O Controlador era um buldogue com três metros de altura que grampeava documentos com a boca. Olhou para Zé Alberto e diagnosticou: “Estás com uma válvula cardíaca defeituosa mas nunca o saberás porque não vais ao médico. Morrerás no dia 28 de julho, daqui a seis anos. Agora cai fora e me deixa trabalhar. Esquecerás tudo.”

Zé Alberto deu uma tapinha no ombro de Antonio e voltou devagar para a Lotérica; faltavam duas pessoas para completar o bolão. Nisso ele avistou Suely, tentou se esconder mas não pôde. “Bonito pra sua cara”, disse ela, cruzando os braços. “Fiquei plantada a noite toda, tomando chope sozinha.” Zé Alberto improvisou uma desculpa, mas ela já sabia que ele tinha ido para o aniversário de Fátima. “Não me ligue mais, e vê se me esquece”, concluiu ela. Saiu andando, pisando com força, e desceu a Venâncio Neiva, sem rumo certo, só para dobrar uma esquina e sumir da vista dele. Estava furiosa. Em momentos assim, imagens monstruosas e delirantes passavam pela sua mente, sem que ela soubesse de onde vinham. Teve a sensação de que algo espantoso acabara de lhe acontecer e que esquecera quase tudo. Invejou a placidez desmemoriada dos rostos que passavam por ela e sumiam para sempre.

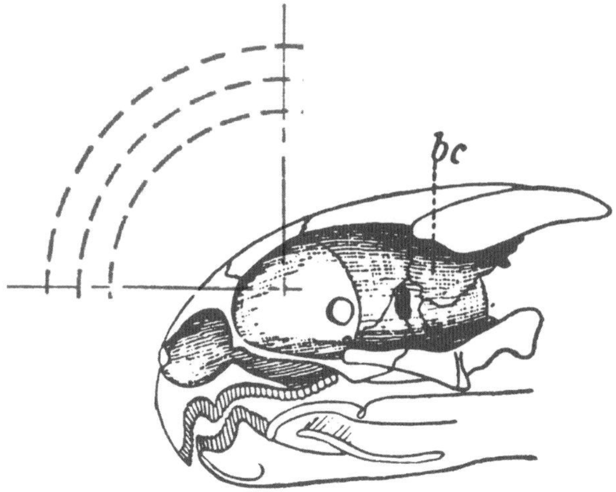
pc

AS TARTARUGAS TELEPÁTICAS

Nº BT-HLD 033

Numa época remota (e bota remota nisso) o Cosmos era a carapaça de uma imensa tartaruga. Tão imensa era a condenada que olhávamos em 360 graus à volta do horizonte e não a víamos. Como o ser humano só captura o que a sua antena captar, a Tartaruga era tida como inexistente. (Modo inadequado de exprimir a situação. Melhor dizer: Não passava pela cabeça de ninguém que o mundo fosse o casco de uma tartaruga.) Mas era. Não havia ainda o "silêncio eterno dos espaços infinitos" que amedrontava Blaise Pascal. Tudo que conhecemos, o Sol, a Lua, a Terra, as Constelações, acomodava-se sabe Deus como naquele casco hospitaleiro, e vamos em frente. Como o casco é arredondado, cabia ali uma reprodução bidimensional da Esfera Armilar do Cosmos; como é abaulado ou convexo, cabiam ali inclusive umas duas páginas e meia da Teoria da Relatividade de Einstein e sua sugestão da existência de um espaço curvo. Beleza.

Ora, tartarugas têm cérebro, tanto quanto os caranguejos do mangue recifense. Se admitimos a ideia de Gaia, do planeta Terra

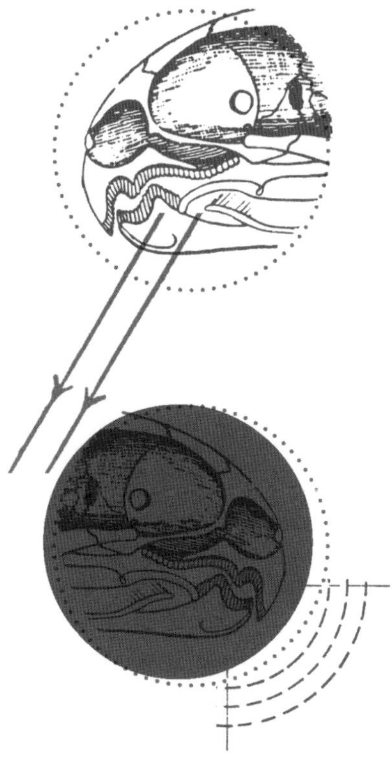

consciente de si mesmo, por que recusaríamos a hipótese de um Cosmos lúcido? A Tartaruga do Mundo põe-se a pensar: "Muito bem, o mundo inteiro repousa sobre o meu casco, mas, eu mesma, repouso onde?..." O Cosmos, por lúcido que é, espia para baixo de si para ver onde repousa. Não sei o que viu; sei o que dizem os pergaminhos antigos. E dizem eles que a Tartaruga do Mundo repousa sobre o casco de outra Tartaruga, maior ainda.

Assimilaram, amigos, o terror desta descoberta? Quando postulamos que o Cosmos é uma Tartaruga, a proposta pode ser absurda, mas fica por aí mesmo, a gente empaca num beco sem saída. Porém no momento em que postulamos uma segunda tartaruga, o gene matemático em nós dá início ao processo reiterativo que às vezes é chamado Infinito ("e depois desta segunda uma terceira, e depois dessa terceira uma quarta..."), e às vezes é chamado Loucura.

Felicidade nossa que as Tartarugas do Cosmos são telepáticas. Destarte, a tartaruga número 1 pode se comunicar instantaneamente, de modo não linear, com qualquer outra, seja a Tartaruga 12, a Tartaruga 35, a Tartaruga 222.111 ou não importa qual. E diz ela: "Meninas, tô com uma situação aqui. Os meus humanos estão meio abismados com esse Universo baseado, se bem me exprimo, numa proliferação concêntrica de quelônios, numa quantidade que bota Fernando de Noronha no chinelo. Não é por nada não, mas será que a gente não podia propor, telepaticamente, é claro, uma planta-baixa do Cosmos menos figurativa? Sabe como é, do século XX em diante eles se tornaram mais abstracionistas, mais mondrianescos. Se a gente sugerir outro modelo pode ser que isto os sossegue." Seguiram-se milênios (em tempo tartarugal) de debates e mesas-redondas, até que a Tartaruga 802.701 sugeriu: "Por que não sugerir telepaticamente a eles que o universo é composto, em níveis alternados, de ondas e de partículas?..." Assim foi feito; e fez-se a Luz.

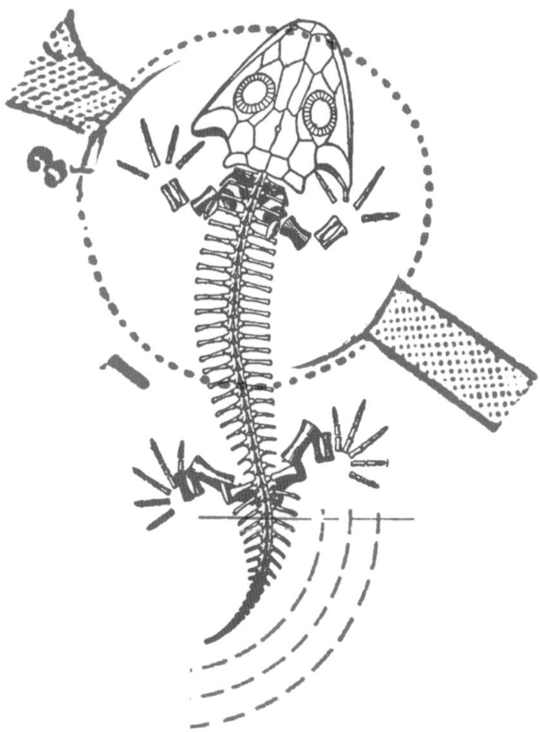
3
1

PÁGINA ALEATÓRIA Nº BT-HLD 034

Suponhamos que Diane Rafelstein era uma jornalista de origem judia nos EUA. Tinha origem pobre; seu pai foi um imigrante que após anos de trabalho duro na Austrália, em New South Wales, resolveu emigrar para a América. Diane, nascida em 1928, cresceu num ambiente sombrio, pois a Grande Depressão atingiu o país logo após a chegada da família. Conseguiu emprego como telefonista num jornal, e sua inteligência e habilidade com as palavras logo a levaram a uma mesa na redação, de onde não mais saiu, embora mudasse de cidade e de jornal várias vezes pelo resto da vida, até se estabelecer na Louisiana.

Diane amava as revistas de "pulp fiction", que conheceu na infância, e que lhe despertaram um gosto pelo insólito. Quando era redatora-chefe do *Clarion*, de Nova Orleans, uma série de notícias anódinas atraíram sua atenção. Boletins informativos de sociedades científicas locais estavam registrando fenômenos invulgares que ocorriam nos pântanos e "bayous" daquela região,

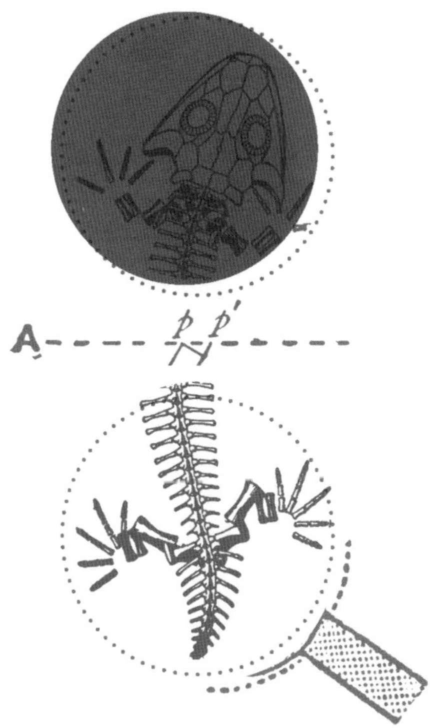
A
p p'

sempre em época de lua nova. Ao que parece, nesse período do mês havia um aumento do número de incidentes com salamandras, envolvendo crianças feridas de algum modo, donas de casa que se queixavam de infestação de répteis etc. O fato começou a chamar a atenção, e certos evangélicos fervorosos, com o Novo Testamento em punho, alertavam o mundo para a aproximação do Apocalipse. Emissões de rádio e de TV tocavam no assunto a todo instante. As bancas de revistas exibiam, ao lado do novo exemplar da *Weird Tales*, manchetes sobre algum novo achado de répteis em locais improváveis.

Diane encarregou Bob Hassler, um jovem repórter, de trazer-lhe uma matéria a respeito. Sentia com angústia que algo estava para acontecer, mas achava que estava imaginando coisas; talvez uma investigação feita por Bob, um rapaz do Novo México, sensato e pouco imaginativo, pudesse manter uma neutralidade que ela sabia não possuir. Uma noite, Bob ligou para sua casa e afirmou saber do que se tratava. Tinha a voz trêmula, e mencionou algumas vezes *O Anel dos Nibelungos*, a ópera de Wagner. Diane não entendeu do que se tratava. "O crepúsculo dos deuses", balbuciou Bob, numa voz que ela custou a reconhecer. Ele parecia estar falando consigo mesmo, e insistia em falar num "filão rastejante da medula viva" que se aproximava do "mundo superior". Diane achou que o rapaz estava bêbado e estressado; sentiu-se culpada, avisou que estava indo para lá e pegou um táxi. Bob Hassler morava numa pensão no Bairro Francês. Ela bateu à porta, subiu ao andar de cima, tocou. Ele abriu a porta com o rosto em desordem, barba por fazer, cabelos revoltos. Mandou-a entrar, fechou a porta e apagou a luz. Parada no meio da sala, Diane agradeceu aos céus por não estar vendo o que produzia aquele som ciciante de milhares de patas macias emergindo das frestas, das fendas, dos ralos, dos esgotos, das torneiras, os milhares de corpos triunfantes que se desprendiam do filão da medula viva.

AB
CDE
FGH
ILM
NO...
A
B

PALAVREADO NEOVERISSIMO

Nº BT-HLD 035

O sol se punha por trás da cremalheira, refletindo-se nas águas do Anaconda, quando um grupo de cavalcantis extenuados rodeou a lacuna e rumou para o pontilhão artesiano do castelo de Rochamadura. Quando o salvaguarda os avistou, gritou: "Evoé! Detende-vos e identificai-vos, ó vivandeiros!" O barômetro que ia à frente retirou o mambrino que lhe cobria o frontispício e respondeu: "Pedimos licença para adentrar este platinado e oferecer ao vosso gardenal meus votos de responsa e de comiseração!" Foi erguida a calandra, e logo os transitórios adentraram um amplo ergástulo ao ar livre, sendo recebidos pelo turbomestre, que lhes ofereceu repouso e uma refeição cabal.

Findo o entrepasto, os comensais continuaram à mesa do setentrião, mordiscando suculentas pândegas por entre taças de francastel. Ao lado, um grupo de jugulares fazia acrofobias com bolas coloridas, e uma artemísia loura entoava uma canção dolosa ao som do monocórdio. Um ancião heráldico bateu no chão com seu

b

vernáculo, pedindo silêncio, e iniciou um antigo circunlóquio, que remontava às tradições estivais.

"Conta-se", disse ele, "que, quando este cenotáfio pertencia ao Vice-Duque de Equitânea, moravam numa caverna a boreste três escaramuças. A primeira chamava-se Laudêmia e fabricava peças de peculato para vender nas feiras livres de Lordisburgo. A outra, Cantalupe, sofria de estalagmite aguda e mal podia se mover, mas era capaz de ler o futuro das colheitas na borra do chá de rododendro. A mais moça, Lascívia, costumava sair da caverna e só voltar três opúsculos depois, sem que ninguém soubesse o que andara fazendo."

Nesse instante, o ilustre Nerovíngio, carbúnculo honorário daquele cordovão, e já um tanto ambidestro devido às copiosas manoplas de úvula que bebera, exclamou: "Pela sacripanta do meu escrínio! Como tendes coragem, ó bufarinheiro, de revelar aos nossos ilustres protonotários os hábitos pouco salubres das nossas trebizondas?! O que ficarão eles pensando dos arcabouços morais da nobre casa de Ventoinha?!" Um silêncio avuncular alastrou-se pelo ambiente, prorrompido apenas quando o Duque soltou uma sonora gargantilha, dizendo: "Falaste bem, ó Nerovíngio! O que nossos argumensais irão pensar de nós é coisa de pouca mônada, mas nestes hectares sabe-se há muito tempo que a bela Lascívia costuma frequentar o teu vergalhão!"

Nerovíngio voltou a sentar-se, cheio de contrafação, mas nesse momento escutou-se um bombardino ensurdecedor que fez tiritar todo o enviromento, num expletivo que reduziu a sextilhas os enormes alabastros que iluminavam o charlatório. E pela chanfradura fumegante que se abrira na parede surgiu uma verdadeira girândola de messalinas sacripantas, brunidas do salto alto ao baixo ventre! Eram as escaramuças diletantes, dispostas a penhoar seus usufrutos aos musculinos guerreiros, num velho rito sazonal daqueles hectares que, ao fim e ao cabo, era a razão da visita deles àquele burgo, de alabarda em riste.

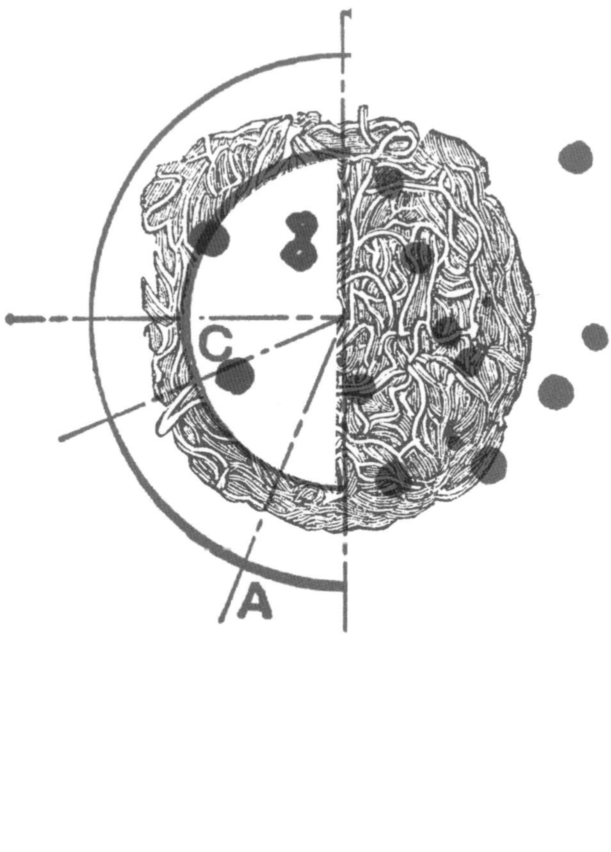
C
A

SOBRADO MARDITO

Nº BT-HLD 036

Pense num caba teimoso era Dedé. Depois que ele bateu o olho no portão de ferro daquele sobrado ele num falava noutra coisa. Bora, maluco, ele dizia, se a gente meter o ombro aquela butina vem abaixo e a gente entra. É, eu dizia, e quando entrar vem o maior pitibu em cima da gente, tá ligado? Oxente, rapaz, ele dizia, ali num tem cachorro nem nada, uma noite dessa eu fiz o teste, joguei um peido de veia aceso e fiquei esperando, quando pipocou latiu cachorro no prédio da esquina, latiu na casa rosa em frente, latiu até na outra rua, e no sobrado nada.

Ele dizia que o povo do sobrado devia estar veraneando na Europa. A gente passava ali de vez em quando quando voltava do pega-bebo de Alaôr, era o caminho mais curto pra pensão. Eu trabalhava na obra dum viaduto e Dedé fazia bico de flanelinha. A viage dele era entrar em casa de bacana e passar dois três dias. Num era nem pra roubar, que se ele roubasse num ia nem saber como vender, era alesado, ia ser pego num instante. Ele dizia:

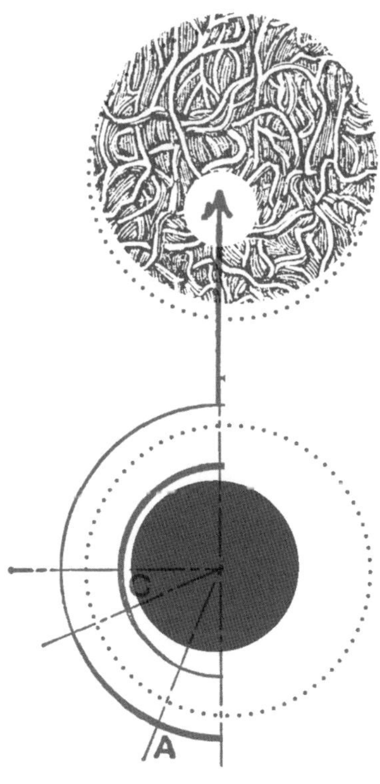
C
A

dormir em lençol de seda, tá ligado? Abrir a geladeira, escolher coisa, sentar em sofá, andar nu por dentro da casa.

Aí um dia a gente tomou umas caeba e na volta putufo, botou o portão abaixo, arrodeou o jardim, quebrou uma janela e quando viu tava dentro. Só acendemo a luz depois de puxar as cortinas de pano. Rapaz, a festa não teve mais tamanho. A geladeira era cheia de comida. A gente abriu vinho, abriu uísque, fez um melelê danado na sala, logo na primeira noite! Lá mesmo dormiu. No outro dia, quedê que ninguém queria ia trabalhar? Trabalhar pra quê, o caba dormindo num sofazão daquele? Eu saí, arrumei duas quenga e trouxe pra dentro, aí num prestou não. A gente não acertou a ligar o som mas ligou a TV, achou um canal de música e tome uísque, e tome sarrafo nas nega.

Foi só na outra noite que eu resolvi subir no primeiro andar. Dedé bebo, a nega dele fazendo espuma na banheira feito no cinema, e a minha dormindo, porque o serviço foi pesado. Subi e fui olhando de quarto em quarto. Um deles tava trancado por dentro, mas eu desci, busquei uns ferro e arrombei. Rapaz... melhor não tivesse feito. Era um quarto vazio, sem um móvel, sem uma coisa, nada, nada. Quer dizer – num recanto eu vi um negoço que parecia uma nuvem cinzenta, a meio metro de altura. Cheguei perto, era uma coisa redonda do tamanho dum prato, suspensa no ar. Eu arrodeei e olhei pelo outro lado. Era como uma lâmpada grande, um refletor, só que não projetava luz, projetava treva. Fiquei tonto e caí de joelhos. O rosto a um palmo de distância daquilo. Diante dos meus olhos um túnel cilíndrico, se alargando até virar uma esfera pelo avesso, e uma treva absoluta e sólida como o mármore fluiu para dentro de mim, saturou minhas retinas, galvanizou meus nervos, meus neurônios, minhas sinapses, e me petrificou e eternizou como uma estátua sólida de treva, e me transformou no menor grão de treva num universo só de treva feito, e foi para sempre.

3
4
3
6'
6

O ESCOTEIRO E A MERETRIZ

Nº BT-HLD 037

Suponhamos que ela seja Doralúcia, vinte e dois anos, e mora na Zona Norte. São onze horas da noite e ela acabou de sair de um hotelzinho barato na Praça Tiradentes, onde fez um programa com um senhor de seus setenta anos. Subiram para o quarto do hotel, ela recebeu seus quarenta reais, atendeu o pedido do cliente e deixou-o aparentemente adormecido. Tomou um banho rápido, vestiu-se e saiu. Precisava pegar o ônibus na Praça XV e não gostava de andar àquela hora pelas ruas desertas do Centro.

Quando vai atravessar a avenida, Doralúcia vê um rapaz de seus quinze anos vestindo uniforme de camisa e bermuda cáqui, chapéu marrom de formato esquisito, e um lenço vermelho no pescoço. Uma coisa meio fora de moda no século XXI, mas ela já encontrou alguns antes, e sabe que é um escoteiro.

O que o rapaz não sabe é que Doralúcia tem um fraco por escoteiros. Ela mesma nunca procurou analisar esse fato. O máximo que faz é comentar com alguma amiga: “Ai, quando eu vejo aqueles

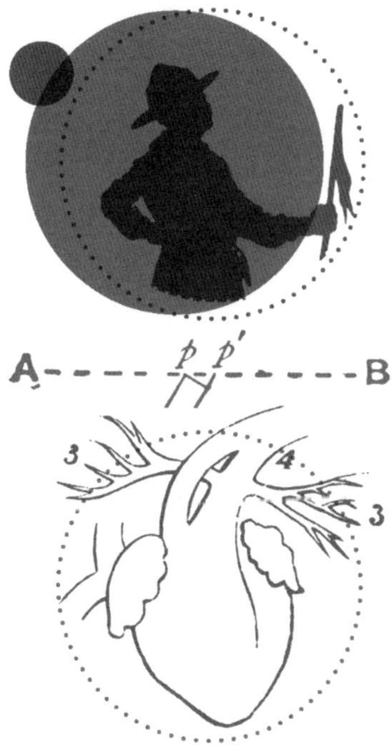
A
p p′
B
3
4
3

meninos... eu passo mal!" E se abana, às gargalhadas. Falta-lhe teoria para explicar que o escoteiro é um entrecruzamento icônico de elementos que lhe despertam a libido: o Adolescente, com seu mito de priapismo perpétuo e inexaurível; o Caubói, ícone da masculinidade, da dominação, de uma certa rudeza animal que a deixa de pernas bambas; e o Bom Rapaz, sempre gentil e atencioso (ninguém é gentil e atencioso com as doralúcias), tímido, meio ousado e meio inconcluso, sempre pronto a uma boa ação, a "fazer uma caridade".

Ele se chama Valberto e ainda é virgem. Os amigos não sabem, os pais não sabem, só quem sabe somos ele e (agora) eu. Ninguém desconfia, porque ninguém se interessa por ele, que é filho único. O pai é aposentado da Rede Ferroviária e só pensa em futebol pela TV, assiste até o videoteipe de Ituano x Bragantino. A mãe cuida da casa e suspira. Empurraram Valberto para o escotismo para poderem imaginar que ele já era adulto e os tinha deixado em paz.

Valberto para junto à faixa de pedestres. Ônibus passam, fluorescentes, sacolejantes. Ele olha para a direita e vê Doralúcia. Não é tão menino que não a rotule de imediato: "Garota de programa meio gostosinha, voltando pra casa depois do expediente." Tem tempo de examiná-la dos pés à cabeça sem que seus olhos se cruzem, uma vez que ela o está examinando da cabeça aos pés. Ele vê um casaco jeans por cima de um minivestido azul-marinho, meia pretas de náilon cobrindo umas pernas que não são de se jogar fora, e umas botas que não batem bem com o restante, mas lhe dão uma pose de valquíria disposta a tudo.

É neste momento que eu surjo, momentos depois do meu infarto fulminante no quartinho do Hotel Magnólia. Passo os braços sobre os ombros do rapaz que parece com meu neto e da moça compassiva que me proporcionou meu derradeiro prazer. Foram feitos um para o outro e o descobrirão de hoje em diante, mas foi preciso que eu estivesse aqui, onipotente, onisciente, para reuni-los por fim.

A
p
p'
B

A EXPERIÊNCIA DO DR. LUGANO

Nº BT-HLD 038

Este episódio está registrado nos *Anais do Instituto Histórico e Geográfico do Cariri*, vol. XII, a partir da página 119, substanciado por depoimentos e reproduções das imagens pertinentes ao caso. Basta-me aqui referir os fatos principais, que julgo não serem de conhecimento do grande público.

Em meados de 1976 surgiram boatos de que uma D. Eulália, residente em Monteiro, no Cariri paraibano, estava produzindo fenômenos mediúnicos, testemunhados por dezenas de pessoas. Não havia a tradicional comunicação com espíritos dos mortos; foi constatado que nas ocasiões em que ela entrava em transe ocorriam fenômenos de levitação, poltergeist, materialização de ectoplasma, etc. O dr. Alberto Lugano, professor da (então) FURNe, procurou-me no Museu de Arte, onde eu trabalhava, e pediu-me que o acompanhasse numa visita, levando uma filmadora Super-8.

Em Monteiro, fomos recebidos pela família de Dona Eulália. Explicamos que queríamos filmar tudo, e não encontramos

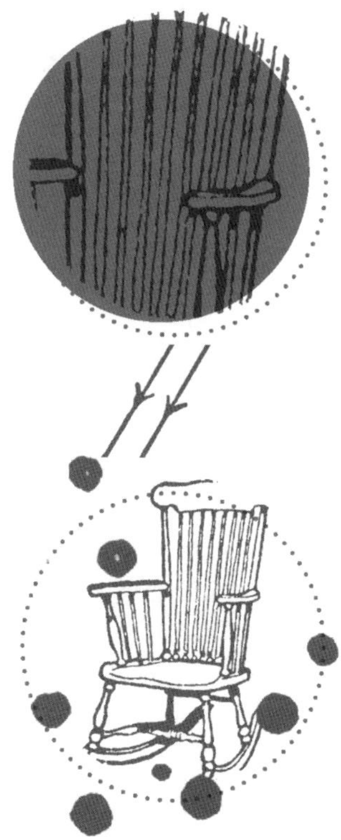

oposição. Havia uma dúzia de visitantes na sala, que era ampla, e mais alguns membros da família. Instalei o tripé, acendi luzes. D. Eulália sentou-se numa cadeira, e pedimos que se colocasse de encontro a uma parede branca, que nós mesmos escolhemos. E foi assim que consegui filmá-la no momento em que, depois que ela mergulhou em transe, a cadeira se ergueu no ar, diante dos nossos olhos, oscilando um pouco para os lados, mas subindo verticalmente, a um palmo da parede, e chegando a ficar quase dois metros acima do chão. Depois, baixou.

O filme provocou debates acalorados na FURNe ("Charlatanismo! Hipnose!"), e depois na UFPB em João Pessoa, para onde o levamos na semana seguinte. Era apenas um rolo de Super-8; eu tinha levado vários rolos, mas o fenômeno durou apenas dois ou três minutos. Pude mostrar que não havia truque, até porque o Super-8 é reversível, ou seja, não tem um negativo de onde se tire uma cópia. O rolo filmado é, depois que o revelamos, o mesmo rolo exibido, e era claro que não havia manipulação. E não se pode hipnotizar uma película.

Voltamos para Campina e fizemos nova sessão, convidando a imprensa. Todos prenderam a respiração vendo novamente o plano único, sem cortes, da médium sentada, seu rosto arfando, os olhos esbugalhados fitando a câmara e fechando-se devagar. Em seguida sua cabeça descaía para o lado, e a cadeira começava a se elevar. Chegando ao fim do filme, um crítico de cinema local veio até o projetor e pediu-me para fazer uma nova projeção, mas começando do ponto em que a mulher já estava em transe. Fiz o que ele pedia, apagamos as luzes... e daí em diante (juro pelos meus filhos) a mesma imagem que víramos antes mostrou apenas a cadeira imóvel, e a médium de cabeça baixa. Nada se mexeu, nada se elevou. "Sim", disse o crítico, "é impossível hipnotizar uma película, mas se a película registra algo capaz de hipnotizar, julgamos ver na tela o que nunca foi registrado pelas lentes. É sempre assim."

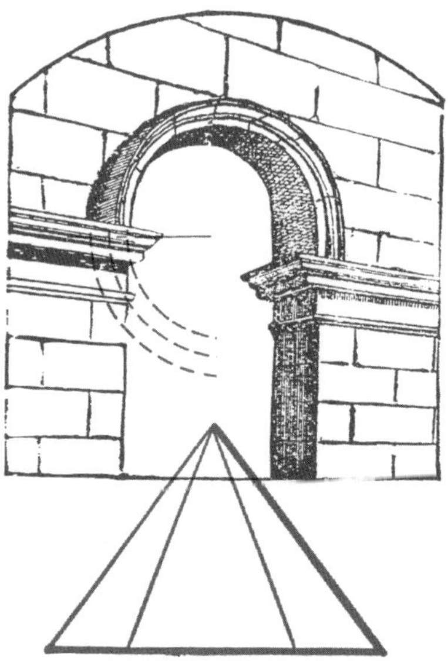

O TÁXI DE CARONTE

Nº BT-HLD 039

Chegada a hora, peguei o elevador, desci, dei boa-noite ao porteiro que cochilava. O enorme carro negro estava em frente ao prédio, com o pisca-alerta ligado. As únicas pessoas visíveis eram uns meninos sem-teto enrodilhados sob a marquise da farmácia. Caronte desceu, entreguei-lhe a valise. Os quiosques da praia estavam fechados e silenciosos. Se não fosse pelo marulho distante, dir-se-ia que o próprio mar estava imóvel; mas soprava uma brisa vigorosa, que arrastava um copo de plástico pelo asfalto, com um ruído seco, fragmentado. Caronte bateu com força a tampa da mala. Abri a porta traseira, acomodei-me, e partimos.

"Onde quer passar primeiro?", perguntou. Eu não tinha pensado ainda, mas de improviso falei que queria ver a fazenda onde passei a infância. O carro avançou ao longo da praia. Em questão de segundos o céu clareou, azulou, e um sol atenuado mas veraz iluminou a campina, a caatinga no lugar do oceano, o casarão de cumeeira baixa. Circulamos em torno dele. Era um meio de tarde,

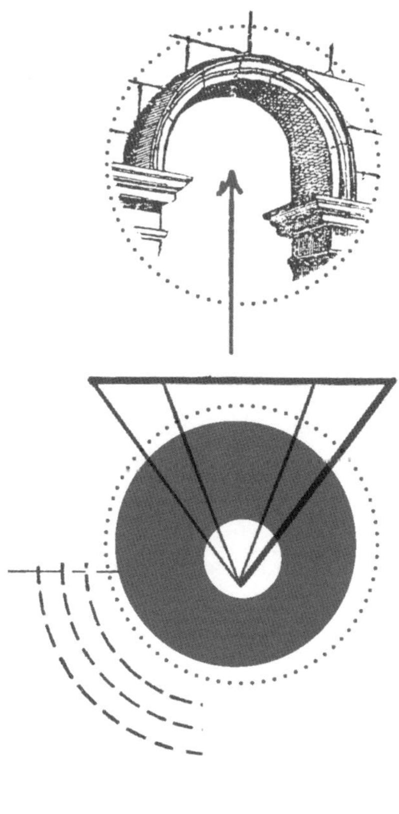

e lá estavam todos, nos seus afazeres de sempre. Abaixei o vidro, escutei-lhes a voz e o cheiro do curral me envolveu. Nenhum deles viu o carro, com exceção do menino branco e pensativo, cujos olhos se ergueram do livro, e cruzaram com os meus.

Seguimos, e pedi para rever um carnaval. A trilha poeirenta da caatinga começou a elevar-se, o carro passou primeira, os pneus deslizaram nas pedras do calçamento, os casarões do Pelourinho começaram a passar de ambos os lados, e já era noite novamente. Cruzamos ladeiras estreitas, atravessamos o alarido de um bloco sem tocar em ninguém; avistei a calçada na esquina da praça, o casal abraçado. Curiosamente, não lhe dei muita atenção; foi a música (que eu não ouvia desde então) que me produziu o efeito esperado. Achei melhor afastar-me dali, e pedi Londres. Cruzamos a ponte, percorremos o Tâmisa, diminuímos o ritmo em Baker Street, depois em Abbey Road. Perdemo-nos no labirinto até chegar ao pub. Pelo vidro pude ver a turma de jovens cabeludos; bebiam erguendo os canecos. Não se ouvia nenhum som, mas pelo movimento dos corpos, pelo erguer dos braços, lembrei a canção que cantáramos a plenos pulmões, pela eternidade e mais um dia.

A escala seguinte foi Marrocos, novamente naquela tarde poeirenta, de sol escaldante, em que dois hóspedes da pousada se compadeceram de mim e me levaram para um hospital próximo, desidratado pela disenteria, quase em estado de choque. Parei diante do prédio de tijolos, enfeitado de azulejos, por entre o tráfego de camelos e bicicletas. A certa altura vi sair dali, fatigado mas impassível, o médico de longos bigodes tristes que me deu alta sorrindo, num francês claudicante: "Vous ne mourirais jamais non plus, monsieur!..." Voltamos. Desci diante do prédio, onde o copo de plástico ainda quicava no asfalto, levado pela brisa. Apertei a mão de Caronte. "É uma longa viagem", disse ele, "mas estamos perto."

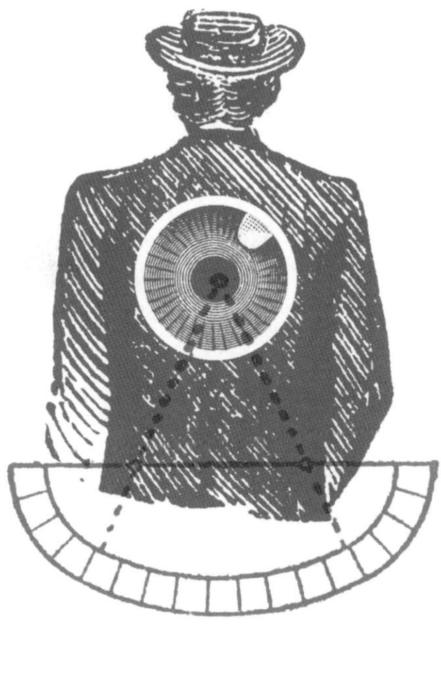

A POTESTADE

Nº BT-HLD 040

Sonhei que estava flutuando no espaço sideral, cercado de constelações, de portentos, de trevas fulgurantes. A Potestade rodeou-me com sua Presença, e dirigiu-se a mim: "Não crês na minha existência", disse-me ela – e cada célula de meu corpo reverberou como um tímpano. "Por isso prefiro dirigir-me à totalidade do teu Ser, que só emerge quando adormece o cão de guarda que te sustenta vida afora, e ao qual chamas de Eu, ou Consciência." Eu estava aterrado e sem palavras; só me restava escutar. Sentia-me esvoaçar em todas as direções, como uma pluma no epicentro de um furacão. "Admiro tua fidelidade a ti próprio", prosseguiu. "São muitos os que não creem, mas dizem crer por covardia, por conformismo, ou por imitação. Mais importante que a fé é a verdade. Mais importante do que crer em mim é ter a coragem de olhar dentro de si mesmo e dizer sem rebuços o que vê."

O que via eu? Via galáxias coruscantes, aglomerados densos de matéria escura, estrelas que faiscavam como os grãos de areia

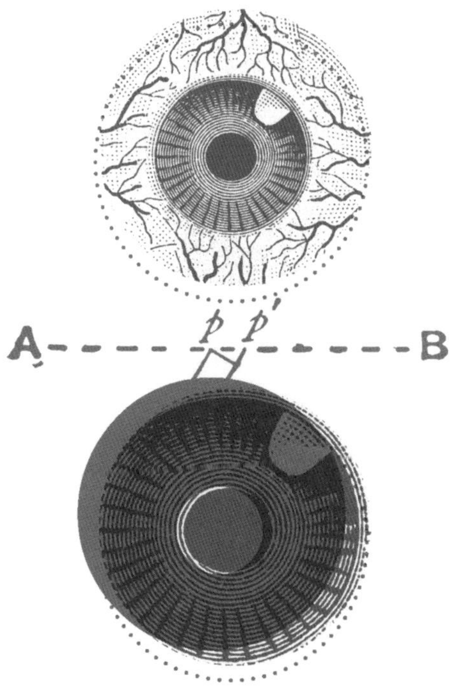
p
p'
A
B

no interior de um tornado. E aquela voz, que prosseguiu: "Deves estar te perguntando – por que eu? Por que logo eu fui chamado para este Contato, esta Revelação? E te responderei usando a linguagem do teu tempo e do teu povo. O Universo está contido em ti. Em teu corpo e tua alma estão gravados de forma indelével todas as informações necessárias para reconstruir tudo isto que vês à tua volta. Fosse este Universo destruído, bastaria que tu sobrevivesses para que toda a história dele pudesse ser reconstituída, a partir das leis que governam teus átomos e tuas células vivas. O Universo é autorreflexo: está todo gravado em cada uma das partes vivas que contém." Fez uma pausa. "Isto vale não só para ti, é claro, mas para qualquer outra criatura. Se te escolhi foi por mero Acaso. Quero te mostrar algo."

Fez um gesto com a mão, e a esse gesto descerrou-se uma Cortina. Mas como posso dizer "um gesto" se sua presença ocupava toda a face interna da esfera de espaço que me continha, como falar em mão se sua mera impressão digital era composta pelo turbilhão de galáxias que ali revoluteavam? Mas a esse gesto uma Dimensão abriu-se e vi ali justapostos todos os tempos, todos os passados e futuros, todos os fios entrelaçados dos mundos possíveis. "O mundo em que vives passa por uma crise que pode destruí-lo", prosseguiu a Voz. "Falo do teu planeta e do teu país. Quando crises assim se anunciam, escolho um habitante para me informar sobre a necessidade desse mundo. E é isso que te pergunto: vale a pena que esse planeta e esse país existam? Vale a pena que prossigam? Se achares que não, desaparecerás com eles. Mas se achares que sim, desaparecerás só tu. Teu nome será obliterado, teus atos esquecidos, teus descendentes se estiolarão. Teu país prosseguirá, e desaparecerás apenas tu. Não tens que me responder agora. Vai – desperta!" Nesse instante o celular tocou na mesa de cabeceira. Atendi, e era engano.

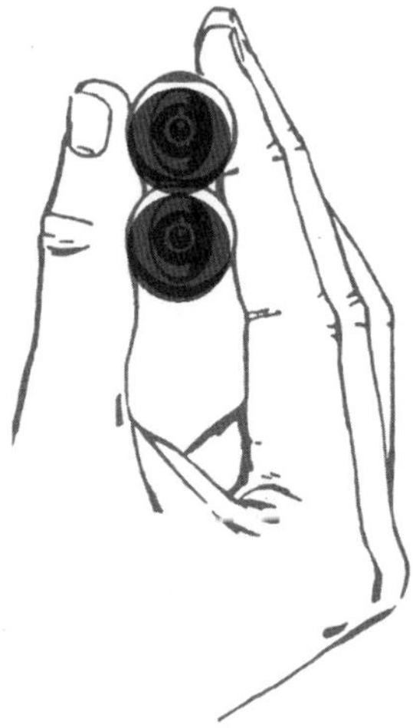

1ª edição	Agosto de 2013
Impressão	Edelbra
Papel de capa	Cartão 250g/m^2
Papel de miolo	Offset 90g/m^2
Tipografia	STIXGeneral